ELEGIDO

PARA SER UN

DISCÍPULO

UNA GUÍA PARA CRECER EN CRISTO

Robert J. Charles, PhD, DMin

ISBN: 978-1-7375358-2-9

A mi amada esposa, Gina

A todos los laicos, ancianos, pastores, administradores, estudiantes de teología y profesores que he conocido a lo largo de los años y que quieren ser discípulos de Jesús...

Este libro es para ti.

Él nos eligió en Él antes de la creación del mundo, para que seamos santos y sin culpa ante Él en el amor.

—Efesios 1:4

No me elegisteis vosotros a mí, sino que yo os elegí a vosotros y os designé para que vayáis y deis fruto, y para que vuestro fruto permanezca para que todo lo que pidáis al Padre en mi nombre os lo conceda.

—Juan 15:16

Pero estamos obligados a dar siempre gracias a Dios por vosotros, hermanos amados por el Señor, porque Dios os eligió desde el principio para la salvación mediante la santificación por el Espíritu y la creencia en la verdad.

—2 Tesalonicenses 2:13

CONTENIDO

PREFACIO

------◄◆◄◆►◆►------

Siempre me ha preocupado el hecho de que muchas personas abandonan nuestras iglesias cada año. En febrero de 2019, después de asistir al Church Plant Boot Camp de la NAD (División Norteamericana) en Florida y leer algunos libros, mi alma se reavivó con la necesidad de que los miembros de la iglesia sean discípulos de Jesús. El discipulado se convirtió en el lema de una escuela de evangelismo que tenemos para algunas iglesias en las Conferencias en la Gran Nueva York, donde presenté dos seminarios sobre el discipulado. Me preocupaba cada vez más el *statu quo* de algunas iglesias.

En julio de 2019, estaba en México, estudiando un doctorado en Administración de Empresas. El doctor Emmer Chacón dio una tarea para su clase, Cosmovisión Bíblica II. Teníamos que hacer una investigación y preparar un trabajo sobre un tema teológico. Pensé que era un buen lugar para escribir sobre el discipulado. Mientras investigaba para la tarea, Dios me convenció de que debía escribir un libro sobre este tema. Y para demostrar que eso era lo que debía hacer, el Señor obró muchos milagros increíbles a lo largo del proceso de elaboración de este libro.

En esta era post-COVID-19, si todavía estás vivo, hay una razón para ello. Dios tiene un propósito para ti. Quiere que te conviertas en un discípulo de Jesús. Las megatendencias seguirán cambiando y remodelando nuestro mundo con innovaciones disruptivas a un ritmo sin precedentes. Más que nunca, es fundamental que te centres en lo que permanece constante: el propósito de Dios para tu vida, es decir, ser un discípulo.

Te invito a leer este libro con un espíritu de oración para que el Espíritu Santo te revele la verdad que se encuentra en estas páginas para una experiencia espiritual más profunda. Mi esperanza es que después de leer este libro, descubras la necesidad y la alegría de ser un discípulo de Jesús. Realmente es muy satisfactorio y agradable estar en comunión con Jesús.

PARTE I

¿POR QUÉ SER UN DISCÍPULO?

CAPITULO 1

—◆—◆◆◆—◆—

ELEGIDO PARA COMPRENDER LA NECESIDAD DE SER UN DISCÍPULO

"El discipulado, en el fondo, implica una transformación en los niveles más profundos de nuestro entendimiento, afecto y voluntad por el Espíritu Santo, a través de la Palabra de Dios, y en relación con el pueblo de Dios".

—Jim Putman

De 1965 a 2017, la Iglesia Adventista del Séptimo Día creció hasta alcanzar los 37.138.884 miembros. De ellos, 14.521.088 optaron por marcharse, lo cual fue una pérdida neta del 42%. "En efecto, cuatro de cada diez miembros de la iglesia se están alejando".[1] En la gran mayoría de las denominaciones, las iglesias están disminuyendo o se encuentran en un punto muerto.

Es desgarrador ver que, después de 15 o 25 años, algunas iglesias están disminuyendo o siguen con el mismo nivel de miembros. Algo va mal. No tiene por qué ser así. Una de las razones podría ser que muchos

---

[1] David Trim (2018). "Informe estadístico: Tendencias y progreso de las misiones". *Archivos adventistas.*

miembros de la iglesia no entienden cómo ser discípulos de Jesús. ¡Eso es una verdadera tragedia!

> Dentro del dominio de cada corazón humano, esta controversia se repite.

En este mundo existe una verdadera controversia. Esta lucha debe concernir a cada uno de nosotros en este planeta; cada uno necesita entender el efecto de la cuestión. La pionera cristiana estadounidense, Ellen Gould White[2], escribe: "Muchos consideran que este conflicto entre Cristo y Satanás no tiene ninguna relación especial con su propia vida; para ellos, tiene poco interés. Sin embargo, dentro del dominio de cada corazón humano, esta controversia se repite".[3]

Todos estamos en una batalla. Todos tenemos nuestras luchas. Para ganar esta batalla y restaurar en nuestras almas la imagen de Dios, Jesús dio a sus seguidores una orden precisa: *hacer discípulos*. Antes de dejar a sus discípulos, Jesús les ordenó ir y hacer discípulos a todas las naciones. Esta orden se conoce como la Gran Comisión. Es tan importante que la encontramos al final de cada uno de los cuatro Evangelios: Mateo 28:18-

---

[2] "Ellen G. White (1827-1915) está considerada como la autora estadounidense más traducida, ya que sus obras se han publicado en más de 160 idiomas. Escribió más de 100.000 páginas sobre una gran variedad de temas espirituales prácticos. Guiada por el Espíritu Santo, exaltó a Jesús y señaló las Escrituras como la base de la fe" (UNASP, "Life Sketches of James White and Ellen G. White 1888"). La revista Smithsonian la ha nombrado una de las 100 estadounidenses más significativas de todos los tiempos.

[3] Ellen G. White (1898). El Deseo de los Siglos. Mountain View: Pacific Press Publishing Association, p. 116.

20, Marcos 16:15-20, Lucas 24:45-49 y Juan 20:21-23. Pero la Gran Comisión es más que añadir gente a una nueva iglesia. Es la forma en que Dios ayuda a los hombres y mujeres a parecerse más a Jesús. Por eso, el enemigo hará todo lo posible para evitar que la iglesia cumpla con esta tarea. La Gran Comisión -hacer discípulos- es la última voluntad de Jesús para su iglesia.

El problema

Me gustaría que reconocieran que hay un problema. Algo se está descuidando terriblemente en nuestro proceso de evangelización. Esto es muy grave y puede influir en que vivas una vida cristiana superficial.

Joi Tyrrell, director de comunicación de la Conferencia de Bermudas, cree que el importante número de miembros que abandonan la iglesia es "un motivo de gran preocupación" y es "el problema al que se enfrenta la iglesia hoy en día".[4]

A pesar de que el discipulado, en palabras de Jesús, es la estrategia para ganar el mundo, para Opoku Onyinah (2017), esta orden ha sido groseramente ignorada y reemplazada con la fabricación de conversos. Mark Brown (2012) identifica el problema como el hecho de que la iglesia está enseñando a la gente a cómo convertirse en cristianos, pero no a cómo convertirse en discípulos.

Bill Hull (2006) ha argumentado que la iglesia está creando un cristianismo sin discipulado. La cultura de la iglesia en el Norte global -junto con Australia, Nueva Zelanda y Sudáfrica- ha aceptado

---

[4] Joi Tyrrell (2019). "Jesús se preocupa: Nosotros también debemos preocuparnos". Atlantic Union Gleaner, 118(11), 5-7.

ampliamente la idea del cristianismo sin discipulado. Las personas pueden ser cristianas sin hacer ningún esfuerzo por someterse y seguir a Cristo.

> La forma en que la iglesia ha pasado por alto este mandato obvio, solo puede atribuirse a un plan diabólico. La crisis en el corazón de la iglesia es que damos a la formación de discípulos de forma oral, pero no la practicamos. Hemos perdido la integridad de nuestra misión.

Hull afirma: "La forma en que la iglesia ha pasado por alto este mandato obvio, solo puede atribuirse a un plan diabólico. La crisis en el corazón de la iglesia es que damos a la formación de discípulos de forma oral, pero no la practicamos. Hemos perdido la integridad de nuestra misión"[5]

Alejandro Bullón (2017) afirma que el problema es que la mayoría de los cristianos se conforman con ser creyentes. No son hacedores de discípulos; son meros espectadores del programa del sábado. Juzgan y evalúan el programa, lo aprueban o lo desaprueban. Contribuyen con sus diezmos y ofrendas, pero no se comprometen con la misión.

Dallas Willard (2006) escribe que "la suposición que gobierna hoy en día, entre los cristianos que profesan, es que podemos ser 'cristianos' para siempre y nunca llegar a ser discípulos. Esa es la enseñanza estándar ahora; la 'Gran Omisión' de la Gran Comisión".

---

[5] Bill Hull (2007). The Disciple-Making Pastor, p. 21 [versión Kindle Cloud Reader].

Jeffrey Lynn (2014) añade otra dimensión al problema. Muchas iglesias tienen su enfoque en el evangelismo a expensas del discipulado. Buscan sobre todo ganar conversos y no facilitan el proceso por el cual los conversos se convierten en discípulos. Muchos han pasado por alto este punto: Mateo 28:19-20 trata de hacer discípulos, no de ganar conversos. Como escribe G. Earl Knight, "Un énfasis en el discipulado, y no solo en la membresía, demostrará ser efectivo en el cuidado de los miembros"[6]

Del mismo modo, Scot McKnight sostiene que "la mayor parte del evangelismo actual está obsesionado con conseguir que alguien tome una decisión; los apóstoles, sin embargo, estaban obsesionados con hacer discípulos".[7]

> la mayor parte del evangelismo actual está obsesionado con conseguir que alguien tome una decisión; los apóstoles, sin embargo, estaban obsesionados con hacer discípulos.

Cuando consideramos la historia del pueblo de Dios, podemos ver lo fácil que fue para nosotros desviarnos de Su voluntad. Vuelve a leer la historia de Israel. Mira a la iglesia primitiva. Estos primeros cristianos querían quedarse en Jerusalén, a pesar de la orden de Jesús de ir desde Jerusalén a "toda Judea y Samaria, y hasta lo último de la tierra" (Hechos 1:8 RVR). White ha dicho:

---

[6] G. Earl Knight (2019). "Cerrando la puerta trasera", *Atlantic Union Gleaner*, 118(11), 3.

[7] Scot McKnight (2011). *El Rey Jesús: The Original Good News Revisited.* Grand Rapids, MI: Zondervan , p. 18.

"Cuando los discípulos siguieron su inclinación a permanecer en gran número en Jerusalén, se permitió que la persecución viniera sobre ellos, y fueron dispersados a todas las partes del mundo habitado".[8]

El mandato de hacer discípulos es evidente en la Biblia, pero muchos cristianos de hoy están lejos de entender y seguir esta orden. En el pasado, los discípulos no se adhirieron a las instrucciones de Jesús. Después de su ascensión, se quedaron en Jerusalén, en contra del mandato de Jesús. Fue necesario el fuego de la persecución para que abandonaran Jerusalén y difundieran la buena nueva en otros países.

> De la misma manera que los primeros discípulos malinterpretaron la orden de no estacionarse solo en Jerusalén, muchos cristianos hoy en día no entienden la orden de Jesús de ser un discípulo y hacer discípulos.

De la misma manera que los primeros discípulos malinterpretaron la orden de no estacionarse solo en Jerusalén, muchos cristianos hoy en día no entienden la orden de Jesús de ser un discípulo y hacer discípulos. Pido a Dios que abramos nuestras mentes para entender el problema que enfrentamos hoy en día con respecto a la Gran Comisión. Aunque seamos cristianos sinceros, los corazones humanos no siempre siguen completamente la voluntad de Dios. Durante tres años, Jesús tuvo que redirigir a los discípulos de vez en cuando con respecto a los malentendidos de Su enseñanza. Nuestra única esperanza es estar en

---

[8] Ellen G. White (2010). Testimonios para la Iglesia, vol. 8, p. 215 [versión Kindle Cloud Reader].

continua comunión con Jesús. Él nos transformará y nos guiará en todo momento.

John Thomas Green (2012) sostiene que el mandato de hacer discípulos es imperativo para los cristianos. La iglesia norteamericana ha luchado en este esfuerzo. Mientras que las iglesias están haciendo grandes programas y ministerios, estos programas y departamentos no están formando adecuadamente discípulos de Jesucristo. Lynn (2014), refiriéndose a la investigación de George Barna, afirma que "el estado actual de hacer discípulos de Jesucristo ... es sombrío". Lynn indica que, en la mayoría de las iglesias locales, podemos encontrar sistemas para la evangelización, pero no tenemos ningún sistema con un objetivo específico de discipulado. A lo largo de muchos años, las iglesias han desarrollado una cultura evangelizadora.

En su libro de 2006 sobre el discipulado, *The Complete Book of Discipleship: On Being and Making Followers of Christ*, Hull se refiere a los "cristianos de código de barras", es decir, personas que creen en lo correcto, pero no siguen a Jesús. En *Disciple-Making Pastor*, su libro publicado en 2007, Hull afirma que la multiplicación es fundamental para alcanzar el mundo y cumplir la Gran Comisión:

> La Gran Comisión sin multiplicación es un evangelismo paralizado de cuello para abajo.

La Gran Comisión sin multiplicación es un evangelismo paralizado de cuello para abajo. Al ordenar específicamente hacer discípulos, Jesús especificó el producto de trabajo de la iglesia. No dijo: "Hagan conversos" o "Hagan cristianos".[9]

El hecho de que muchos creyentes hayan pasado por alto este mandato indiscutible, solo puede atribuirse a un plan diabólico. La crisis de la iglesia es que damos a la formación de discípulos solo de forma oral, pero no la practicamos. Hemos perdido la integridad de nuestra misión.

> La fuerza viene a través del ejercicio, añade White: "Así, el cristiano que no ejercita las facultades que Dios le ha dado, no solo no crece en Cristo, sino que pierde la fuerza que ya tenía; se convierte en un paralítico espiritual.

White ha dicho: "El verdadero espíritu misionero ha desertado de las iglesias que hacen una profesión tan exaltada; sus corazones ya no están encendidos de amor por las almas, ni de deseo de conducirlas al redil de Cristo".[10] La fuerza viene a

---

[9] Bill Hull (2007). Pastor que hace discípulos: Leading Others on the Journey of Faith. Grand Rapids: Baker Publishing Group, p. 70.

[10] White, Testimonios para la Iglesia, vol. 4, p. 155 [versión Kindle Cloud Reader].

través del ejercicio, añade White: "Así, el cristiano que no ejercita las facultades que Dios le ha dado, no solo no crece en Cristo, sino que pierde la fuerza que ya tenía; se convierte en un paralítico espiritual[11]".

Debes abordar esta situación en tu vida a nivel personal. Dios quiere que seas un discípulo. Es decir, no solo seas un creyente, sino un *discípulo*. Si no lo haces, perderás la oportunidad más excepcional de tu vida.

La consecuencia

Esta situación tiene graves consecuencias en muchas vidas y en las iglesias locales.

Lynn (2014) ha dicho que, en nuestra generación, la crisis de la iglesia es una crisis de *producto*. ¿Qué tipo de creyente produce la iglesia? ¿Miembros de la iglesia o discípulos? El resultado esperado por Jesús es que la iglesia produzca discípulos. Cristo ordenó a su iglesia a "hacer discípulos" (Mateo 28:19 RVR).

Muchos cristianos no entienden ni siguen la orden de Jesús de hacer discípulos. Por eso, algunos creyentes son débiles y no experimentan la alegría de la salvación. Están dispuestos a abandonar la iglesia por cualquier problema que surja. Pierden su alegría; o lo que debería ser la alegría para un hijo de Dios. O a veces se quedan en la iglesia, pero su presencia hace difícil distinguir entre los que creen en Jesús y los que no.

Cole (2018) menciona que la iglesia en Estados Unidos refleja de muchas maneras la cultura de Estados Unidos. La cultura estadounidense fomenta el recibir sobre el dar. El miembro promedio de la iglesia puede

---

[11] Ellen G. White (2010). Consejos para padres, maestros y estudiantes, lugar 6073 20 [versión Kindle Cloud Reader].

estar inclinado a ver la iglesia desde una mentalidad de consumo en lugar de una mentalidad de servicio y donación. Los miembros de la iglesia están tentados a desear ser servidos en lugar de servir.

Bobby William Harrington (2017) cita a Dallas Willard para decir que el asunto más significativo en el mundo de hoy es identificar a los creyentes que "se convertirán en discípulos -estudiantes, aprendices, practicantes- de Jesucristo, aprendiendo constantemente de Él".

Roxburgh y Romanuk (2006) declaran que las visiones consumistas de la fe animan a las iglesias a desarrollar una cultura eclesiástica sobreprogramada. El consumismo existe como un supuesto a menudo impugnado en la vida estadounidense, especialmente en las iglesias.

Vanessa Marie Seifert (2013) indica que los consumidores buscan lo que es atractivo, y el modelo de iglesia atractiva atiende a esta perspectiva de iglesia consumista.

Cole (2018) añade que esta mentalidad consumista se extiende naturalmente a la iglesia. El ministerio pasa lentamente de servir a ser servido.

White escribe: "Muchos tienen una forma de piedad, sus nombres están en los registros de la iglesia, pero tienen un registro manchado en el cielo".[12] Añade: "Hoy, una gran parte de los que componen nuestras congregaciones están muertos en delitos y pecados. Van y vienen como la puerta sobre sus goznes. Durante años han escuchado complacientemente las verdades más solemnes y conmovedoras del alma, pero no las han puesto en práctica. Por lo tanto, son cada vez menos sensibles a la

---

[12] Ellen G. White (2010). Christian Service, p. 32 [versión Kindle Cloud Reader].

preciosidad de la verdad".[13] Escribe: "Hay muchos contra los que se encontrarán escritos sus nombres en los libros del cielo, no como productores, sino como consumidores".[14] Indica el peligro de esta cultura consumista y de "los que hacen poco o nada ellos mismos por Cristo".[15]

Bullón (2017) argumenta: "Tenemos muchos miembros, pero pocos discípulos. ¿No crees que es hora de que hagamos un cambio?"

> Jesús comenzó su ministerio haciendo discípulos.

La importancia de ser discípulo

Una de las soluciones al problema de las iglesias estancadas o en declive es volver a centrarse y abrazar el orden de Jesús haciendo discípulos. Cuando Jesús elige a alguien, llama a esta persona a la plenitud de vida. Pero esto solo puede ser posible a través del proceso de discipulado.

Onyinah (2017) escribe que, debido a la importancia del discipulado, toda la Divinidad -el Padre, el Hijo y el Espíritu Santo- está involucrada en la comisión que Jesús da a sus discípulos. En la Gran Comisión, Jesús dijo: "Se me ha dado toda la autoridad en el cielo y en la tierra... he aquí que estoy con vosotros hasta el fin del mundo" (Mateo 28:18, 20).

---

[13] White, Testimonios para la Iglesia, vol. 6, p. 426. [Versión Kindle Cloud Reader].

[14] White, Christian Service, p. 30.

[15] White, Pastoral Ministry, p. 157 [versión Kindle Cloud Reader].

Hull (2006) escribe que el discipulado es la principal prioridad de Dios porque Jesús lo practicó y ordenó a sus discípulos que lo hicieran, y sus seguidores lo continuaron.

Bullón (2017) menciona que Jesús comenzó su ministerio haciendo discípulos. No buscó simplemente creyentes o miembros de la iglesia.

Eldon Babcock (2002) indica que, desde el principio del ministerio de Jesús, Él estaba entrenando hombres para construir su reino, no para hacer conversos. Hacer discípulos era importante para Jesús, y los discípulos son esenciales para la iglesia de hoy también.

Nuestra hermenéutica de la Gran Comisión debe ser rearticulada. Hoy, parece que hemos cambiado la Gran Comisión. A través de nuestras campañas de evangelización y otras actividades, nos esforzamos por hacer conversos, no discípulos.

Bullón (2017) añade que ningún discípulo se hace en una campaña evangelista o con la simple exposición de la verdad de la Biblia. Los discípulos no se hacen en una semana o en un mes. Se necesita tiempo y experiencia de vida. Un discípulo es una persona en constante crecimiento, y el crecimiento no es un evento, sino un proceso.

Las campañas de evangelización son cruciales, pero son solo la parte inicial del proceso.

Bullón (2017) sostiene que Pablo era consciente de que la única manera de que los nuevos creyentes permanecieran fieles era compartiendo su fe.

Hull (2006) cita a Dietrich Bonhoeffer, diciendo: "El cristianismo sin discipulado es siempre un cristianismo sin Cristo".

Creo que es hora de hacer una pausa y reflexionar sobre este tema en nuestras vidas. Es hora de seguir el plan divino de la vida.

Un plan divino

Hacer discípulos no es una estrategia hecha por el hombre; es una orden del Señor. Así es como el Padre procede a restaurar su imagen en cada alma. Es algo más que añadir nuevos conversos a la iglesia. Es la manera en que Dios facilita el proceso para que cada creyente llegue a ser como Jesús. Dios quiere que llegues a ser como Jesús. ¿No es asombroso? Este es Su plan. Debe comenzar en tu vida aquí y ahora, para continuar en la eternidad.

Juan escribió: "Amados, ahora somos hijos de Dios; y aún no se ha revelado lo que seremos, pero sabemos que cuando Él se revele, seremos semejantes a Él, porque lo veremos tal como es" (1 Juan 3:2 NJKV).

Bullón (2017) sostiene que el plan divino para la evangelización es diferente de lo que estamos haciendo ahora. No podemos olvidar el plan divino y crear nuestros propios diseños, creyendo que así estamos ayudando a Dios. Si lo hacemos, corremos el riesgo de llegar al día final y descubrir que, aunque hicimos muchas cosas buenas con la mejor intención, no hicimos la voluntad del Padre.

Babcock (2002) escribe que cumplir la Gran Comisión significa hacer discípulos, no solo hacer conversos. Esto requiere ayudar a las personas a convertirse en discípulos.

Pablo escribe en Efesios 4:11-12 que la función principal de los líderes de la iglesia es preparar a las personas para que realicen el trabajo de servicio y ministerio para que el cuerpo de Cristo sea edificado.

White dice: "La única manera de crecer en la gracia es hacer con interés el trabajo que Cristo nos ha encomendado".[16] Y añade:

> Satanás reunió todas sus fuerzas y a cada paso impugnó la obra de Cristo.

Satanás reunió todas sus fuerzas y a cada paso impugnó la obra de Cristo. Así será en el gran conflicto final de la controversia entre la justicia y el pecado. Mientras la nueva vida, la luz y el poder descienden desde lo alto sobre los discípulos de Cristo, una nueva vida brota desde abajo y da energía a los organismos de Satanás.[17]

Debes reconocer que estás en una batalla espiritual. Esta lucha es real.

White escribe: "Nunca uno deja las filas del mal por el servicio de Dios sin encontrar los asaltos de Satanás".[18] Eso significa que cuando una persona hace una decisión por Jesús y se bautiza, él o ella será propenso a los ataques satánicos.

> Nunca uno deja las filas del mal por el servicio de Dios sin encontrar los asaltos de Satanás.

---

[16] White, Christian Service, p. 101.

[17] White, El deseo de los siglos, p. 135 [versión Kindle Cloud Reader].

[18] White, The Desire of Ages, p. 54.

Por lo general, después del bautismo, se deja a los nuevos conversos solos para que cumplan con las normas, para que sean solo miembros. Los dejamos solos precisamente cuando más nos necesitan. Cuando están en transición a una nueva vida, cuando están recibiendo continuos ataques del enemigo, es precisamente en ese momento cuando los abandonamos. Como resultado, no es sorprendente que tantos miembros abandonen la iglesia cada año. Estamos desperdiciando muchas vidas. Aquí es donde estamos perdiendo la batalla en la Gran Comisión.

Además, a veces subestimamos la publicidad negativa que un ex miembro puede crear contra la iglesia. Esto puede tener un efecto negativo en su familia, amigos y colegas. Tendrá un efecto dominó. Eso significa que cuando una persona deja la iglesia, puede ser más difícil que alguien de su entorno venga a la iglesia. El discipulado ayudará mucho en esta situación. Por eso debemos orar al Señor para que nos ayude a entender la necesidad del discipulado, porque cuando somos discípulos de Jesús, estamos enamorados de Jesús. Cualquiera que sea el desafío que enfrentemos en la vida o dentro de la iglesia, nunca dejaremos a Jesús. Siempre lo seguiremos.

Aplicación personal

Si estás leyendo este libro, en verdad eres un elegido por Dios para entender la necesidad de que seas un discípulo de Jesús. Porque eres un elegido, Dios tiene un maravilloso viaje ante ti. No te conformes con poco en tu vida espiritual cuando Dios tiene muchas cosas reservadas para ti. Debes estar decidido a alcanzar todo tu potencial en Jesús.

Oraciones sugeridas

1. Jesús, en la oscuridad y las luchas de mi vida, abre mis ojos para que pueda ver la belleza y la paz de caminar contigo cada día como discípulo.

2. El Espíritu Santo abre mi mente para que pueda descubrir la superficialidad de mi vida y abrazar la riqueza de la vida que Jesús me ofrece hoy.

CAPITULO 2

———◆—◆—◆———

ELEGIDO PARA SEGUIR A JESÚS

"Nunca se abandona las filas del mal por el servicio de Dios sin encontrar los asaltos de Satanás".

—Ellen G. White

Hace algunos años, en mi adolescencia, estuve extremadamente enfermo. No era capaz de digerir la mayoría de los alimentos que comía. Fui a muchos médicos sin ningún resultado, y mi situación empeoraba. Un día, mi primo, el Dr. Joseph Charles, me aconsejó que viera a uno de sus profesores de medicina, uno de los mejores internistas de la época. Cuando fui a mi cita, me sorprendió que la sala de espera estuviera vacía. Cuando pregunté a alguien, me enteré de que el médico se había desmayado esa mañana y había sido trasladado al hospital. Me sorprendió.

De camino a casa, me dije: "He venido a que me curen, pero el médico está en peores condiciones que yo". Además, le dije al Señor: "Ya no voy a tomar ninguna medicina, ¡oh Señor! Cúrame o mátame". (Lo siento, pero era mi oración, y era sincera). Más tarde, le dije al Señor: "Si me curas, me convertiré en un pastor para ti".

Una noche, en mi sueño, vi a alguien, como un ángel suspendido en el aire, y me dijo: "Dame tu brazo". Así lo hice, y él utilizó una jeringa para extraer sangre de mi brazo. Cuando terminó, me dijo: "Estás curado".

Desde ese día, tuve la firme convicción de que Dios me había elegido.

> Tú también eres una persona elegida.

Tú también eres una persona elegida. ¡Qué bendición! Has sido elegido por Dios. La Biblia dice: "Así como nos eligió en Él antes de la fundación del mundo, para que fuéramos santos y sin mancha ante Él en el amor" (Efesios 1:4 RVR).

Cuando Jesús vino a esta tierra, al principio de su ministerio, eligió a personas para que le siguieran. Ese fue uno de los primeros movimientos de Jesús para salvar a la humanidad. También fue su último llamado antes de dejar esta tierra. Durante todo su ministerio terrenal, Jesús siguió llamando a las personas a ser sus discípulos. Eso significa que todo el ministerio de Jesús fue un ministerio de discipulado.

En los cuatro Evangelios, Jesús dijo "Sígueme" unas veintidós veces:

- Mateo 4:19; 8:22; 9:9; 10:38; 16:24; 19:21; 19:28
- Marcos 1:17; 2:14; 8:34; 10:21
- Lucas 5:27; 9:23; 9:59; 18:22
- Juan 1:43; 8:12; 10:27; 12:26; 13:36; 21:19; 21:22

Podemos darnos cuenta de que este principio estaba en el corazón de la llamada de Jesús al discipulado. Ese debería ser el fundamento de la vida de cualquier discípulo de Jesús.

La llamada al seguimiento no es solo al principio de la vida del discípulo; debe ser el estilo de vida del creyente hasta el final.

Estudio de caso: Pedro

En Marcos 1:17, Jesús le pidió a Pedro que le siguiera, y este lo dejó todo para seguir a Jesús. Pasó unos tres años con Jesús, escuchando sus enseñanzas, viendo su transfiguración, siendo testigo de sus milagros y pasando tiempo con él en oración. Pedro vio a Jesús por lo menos tres veces después de su resurrección, pero aún así, antes de que Jesús ascendiera al cielo, le pidió a Pedro dos veces -repito, *dos veces- que lo siguiera.*

> Esto lo dijo, dando a entender con qué muerte glorificaría a Dios. Y cuando hubo dicho esto, le dijo: "Sígueme". (Juan 21:19 LBLA)

> Jesús le dijo: "Si quiero que se quede hasta que yo venga, ¿qué te importa? Tú sígueme". (Juan 21: 22 RVR)

"Seguir a Jesús" no es solo para los nuevos conversos. Es para cada creyente, cada discípulo, pastor o líder de la iglesia, cada día hasta el final. Seguir a Jesús es el viaje de tu vida.

Es la única manera de permanecer en la voluntad de Dios. Esta es la única manera de descubrir tu identidad espiritual. Esta es la única manera de cumplir el propósito de tu vida en la tierra. vivir en la plenitud de tu potencialidad. Es el proceso de llegar a ser como Jesús. Cada día, escucha esta voz: "Sígueme". Hull (2006) afirma que debemos decir cada día: "Sí, Jesús, hoy te seguiré".

El significado de un discípulo

Jesús nos dijo lo que es un discípulo:

Entonces les dijo a todos: "Si alguno quiere venir en pos de mí, niéguese a sí mismo, tome su cruz cada día y sígame. Porque el que quiera salvar su vida, la perderá; pero el que pierda su vida por mí, la salvará. Porque ¿de qué le sirve al hombre ganar el mundo entero, si él mismo se destruye o se pierde?" (Lucas 9: 23-25)

> Para Jesús, un discípulo es alguien que permanece en Él, es obediente, da fruto, glorifica a Dios, tiene alegría y ama a los demás.

Para Jesús, un discípulo es alguien que permanece en Él, es obediente, da fruto, glorifica a Dios, tiene alegría y ama a los demás. Te invito a meditar en Juan 15:7-17. Tómate tiempo para leerlo y meditarlo cada día. Tiene mucho sentido. El tipo de creyente que mejor glorifica a Dios se llama discípulo. La última orden de Cristo a sus discípulos fue "hacer discípulos" porque los discípulos penetran en el mundo. Los discípulos se reproducen a sí mismos, lo que lleva a la multiplicación.

Onyinah (2017) escribe que, en las escrituras, los que seguían a Jesús eran conocidos como discípulos. Después, se les llamó cristianos. Encontramos el término "cristiano", el griego *Christonos*, solo en tres lugares de la Biblia (Hechos 11:26, 26:28; 1 Pedro 4:16). El Nuevo Testamento solo tiene nueve referencias a la palabra "creyente", del griego *pistos*. Sin embargo, la palabra "discípulos", que proviene del término griego *mathetes*, se encuentra 261 veces en el Nuevo Testamento. Jesús mismo utiliza este término en los Evangelios.

Ya existía una tradición de discipulado mucho antes de que Jesús viniera a cumplir su ministerio. Hull (2006) ofrece una breve historia del discipulado, diciendo que Dios eligió a Josué, Moisés lo entrenó y luego Dios lo ungió (ver Deuteronomio 1:38; 31:1-30). Algunos de los profetas de Israel también tenían seguidores o discípulos. Isaías habló de "mis discípulos" en Isaías 8:16. Hull lo explica:

> Los fariseos también patrocinaron una escuela rabínica formal, y varios de sus rabinos se hicieron muy populares. El fiable historiador judío Josefo señaló que en la época de Herodes se reunían tantos jóvenes en torno a los rabinos que eran como un ejército. Se dice que Gamaliel II tenía mil discípulos que trabajaban en el dominio de la complicada y extensa Torá. El exigente sistema de discipulado de los fariseos recompensaba solo a los mejores y más brillantes y era la puerta de entrada a una hermosa carrera religiosa.
>
> Juan el Bautista y sus discípulos proclamaban una forma purista de judaísmo que se centraba en el arrepentimiento, la búsqueda de Dios y el servicio a Dios. Juan tenía muchos discípulos, pero solo dos le dejaron para seguir a Jesús en los primeros tiempos (véase Juan 1:35-50). Muchos de los discípulos de Juan -doce, en un caso registrado (véase Hechos

19:1-7)- creyeron en Jesús en una fecha posterior. Los discípulos semimonásticos de Juan eran sacrificados; por ejemplo, estaban dispuestos a vivir en las duras realidades del desierto.[19]

Hull (2007) afirma que cinco siglos antes de que Jesús comenzara su ministerio, llamaban *discípulo* a la persona que se comprometía a servir y seguir a un maestro. Este principio fue el mismo hasta la época de Jesús. Este trasfondo histórico nos ayuda a entender lo que Jesús quiso decir cuando dijo a sus discípulos que "hicieran discípulos". Jesús se basará en sus discípulos y los mejorará.

Bullón (2017) escribe que los discípulos y los creyentes no son lo mismo. Los creyentes generalmente leen la Biblia, asisten a la iglesia, cantan himnos y devuelven los diezmos, pero nada más. El discípulo hace todo eso *y* sigue a Jesús, se compromete con Él y hace nuevos discípulos.

Onyinah (2017) indica que, por lo general, se puede considerar que un discípulo es aquel que sigue las ideas y los principios de alguien famoso y trata de vivir de la misma manera que esa persona. En el sentido cristiano, un discípulo es el que crece y anhela ser como Cristo y conformarse a su imagen.

---

[19] Hull, The Complete Book of Discipleship, p. 60 [versión Kindle Cloud Reader].

> Invariablemente, el discipulado significa la devoción personal al maestro, que moldea la vida del *mathetes* (discípulo en griego).

Hull (2007) señala que, invariablemente, el discipulado significa la devoción personal al maestro, que moldea la vida del *mathetes* (discípulo en griego).

Según Kittel, un discípulo es un seguidor, un alumno de un maestro de confianza; Juan el Bautista, Platón y Jesús tuvieron discípulos. El discipulado significa siempre la formación de una unión supremamente personal entre el maestro y el seguidor.

Elliott-Hart declara que Jesús llevó la noción de discipulado a un nivel totalmente nuevo:

> Una dimensión adicional de la descripción neotestamentaria del discipulado incluye "dejar las cosas" para seguir a Jesús, lo que va más allá del uso típico helenístico para otras escuelas filosóficas. Dejar las cosas implica un tremendo compromiso que rompe todos los demás lazos: para los primeros compañeros del Jesús histórico, hay tanto un seguimiento físico detrás de Jesús, como el compromiso interno de instrucción y relación con Jesús.[20]

---

[20] Tirrell M. Elliott-Hart (2011). *Educar para el discipulado en la cultura del consumo: Prácticas prometedoras enraizadas en el círculo pastoral*, p. 42.

> Al tomar nuestra naturaleza, el Salvador se ha unido a la humanidad por un lazo que nunca se romperá.

A través del discipulado, Dios quiere que estemos más cerca de él. White escribe: "El propósito de Satanás era provocar una separación eterna entre Dios y el hombre, pero en Cristo nos unimos más estrechamente a Dios, como si nunca hubiéramos caído. Al tomar nuestra naturaleza, el Salvador se ha unido a la humanidad por un lazo que nunca se romperá".[21]

El discípulo está llamado a ser uno con Jesús, unido a Él. Esta es la llamada de todo creyente. No es solo una llamada para los nuevos conversos; es el deber moral de todo cristiano de seguir a Jesús cada día. Esta es la única manera de ser uno con Él. Él morará en ti, y tú morarás en Él. Así llegarás a ser como Él.

White añade que cuando "los discípulos salieron del entrenamiento del Salvador, ya no eran ignorantes e incultos. Habían llegado a ser como Él en mente y carácter, y otros hombres tomaron conocimiento de ellos, de que habían estado con Jesús.[22] Escribe:

> Bajo el entrenamiento de Cristo, los discípulos habían sido llevados a sentir su necesidad del Espíritu. Bajo la enseñanza del Espíritu, recibieron la calificación final, y salieron a su tarea de vida. Ya no eran un conjunto de unidades independientes o elementos discordantes y conflictivos. Ya no tenían sus esperanzas puestas en la grandeza mundana.

---

[21] White, The Desire of Age s, p. 6 [versión Kindle Cloud Reader].

[22] White, El deseo de los siglos, p. 250 [versión Kindle Cloud Reader].

Estaban "de acuerdo", "con un solo corazón y una sola alma" (Hechos 2:46; 4:32). Cristo llenaba sus pensamientos; el avance de Su reino era su objetivo.[23]

Autodenegación

La autodenegación no es fácil. Todo el mundo tiene un ego. Pero la autodenegación es la única manera de convertirnos en discípulos de Jesús. Afortunadamente, Dios ha hecho una provisión para nosotros. El Espíritu Santo tiene el poder de controlar el ego para que la belleza de Cristo pueda ser vista en nuestras vidas. Qué alegría -qué privilegio- que la gente pueda ver a Jesús a través de nuestras vidas.

La buena noticia es que este es el plan de Dios para ti. Has sido elaborado (diseñado) desde la eternidad para alcanzar esta meta.

Confiando en esto mismo, en que el que comenzó una buena obra en ustedes la completará hasta el día de Jesucristo. (Filipenses 1:6)

White escribe que el pecado se originó en la búsqueda de uno mismo.[24] Agrega que Jesús dio la condición del discipulado cuando dijo: "Si alguno quiere venir en pos de mí, niéguese a sí mismo, tome su cruz cada día y sígame".

> Permanecer en Cristo es elegir solo la disposición de Cristo para que sus intereses se identifiquen con los tuyos. Permanecer en él, para ser y hacer lo que él quiere. Estas son las condiciones del discipulado, y a menos que se cumplan,

---

[23] White, Los Hechos de los Apóstoles, p. 45.

[24] White, *El deseo de los siglos*, p. 4 [versión Kindle Cloud Reader].

nunca podrás encontrar la paz. La paz está en Cristo; no puede percibirse como algo aparte de Él.[25]

White menciona que Jesús puede hacer de ti un hombre o una mujer nueva:

> Él puede moldearte en un vaso de honor. Te convertirás en un discípulo de Cristo. Copiarás sus obras, poseyendo su amor y un corazón lleno de gratitud. Dedicarás toda tu vida a Cristo, que dio su vida por ti. Trabajarás, sufrirás y te negarás a ti mismo por su causa, incluso por Aquel que murió y resucitó y está intercediendo por ti.[26]

White también indica: "Los discípulos de Cristo tenían un profundo sentido de su propia ineficacia, y con humillación y oración unieron su debilidad a su fuerza, su ignorancia a su sabiduría, su indignidad a su justicia, su pobreza a su riqueza inagotable. Así, fortalecidos y equipados, no dudaron en seguir adelante en el servicio del Maestro[27]". Debes ser bueno antes de poder hacer el bien. No puedes ejercer una influencia que transforme a otros hasta que tu propio corazón haya sido humillado, refinado y ablandado por la gracia de Cristo". [28]

"La verdadera santidad -añade- es la plenitud en el servicio a Dios. Esta es la condición de la verdadera vida cristiana. Cristo pide una consagración sin reservas, un servicio indiviso. Exige el corazón, la mente,

---

[25] Ellen G. White (1906). *Review and Herald*, p. 21.

[26] Ellen G. White (1891). *Carta 50-1891*, p. 4.

[27] White, *Los Hechos de los Apóstoles*, p. 57 [versión Kindle Cloud Reader].

[28] Ellen G. White, Evangelismo, p. 459 [versión Kindle Cloud Reader].

el alma y la fuerza. El yo no debe ser apreciado. El que vive para sí mismo no es cristiano". [29]

Hull (2006) afirma: "Cuando Dios nos llama, nos invita a morir". Se pregunta cómo sabemos que Dios vive y actúa en nosotros. La respuesta viene de la llamada básica de Jesús al discipulado:

> Si alguno quiere venir en pos de mí, niéguese a sí mismo, tome su cruz cada día y sígame. Porque el que quiera salvar su vida, la perderá; pero el que pierda su vida por mí, la salvará. Porque ¿de qué le sirve al hombre ganar el mundo entero, si él mismo se destruye o se pierde? (Lucas 9: 23-25)

Comprometido con una vida de aprendizaje

Nadie puede ser discípulo de Jesús sin comprometerse a una vida de aprendizaje de Él. Pablo dijo: "Sabemos en parte" (1 Corintios 13:9 RVR). Por eso, debemos ser lo suficientemente humildes como para seguir aprendiendo a lo largo de nuestra vida. Después de sus tres años con Jesús, después de la resurrección y el Pentecostés, los apóstoles todavía estaban en la escuela de aprendizaje para dirigir la iglesia primitiva. Todavía mantenían su vida de oración. En Hechos 6:4, los apóstoles dijeron: "Pero nosotros nos dedicaremos continuamente a la oración y al ministerio de la palabra".

---

[29] White, Christian Service, p. 166 [versión Kindle Cloud Reader].

White escribe: "¡Qué privilegio, pues, tuvieron quienes durante tres años estuvieron en contacto diario con esa vida divina de la que ha fluido todo impulso vivificador que ha bendecido al mundo!"[30]

Brown señala: "Otro rasgo distintivo del entrenamiento del discipulado de Jesús es que era un proceso, no un programa o un proyecto. Los discípulos siguieron creciendo en la fe, incluso después de que Jesús resucitara de entre los muertos (Juan 2:22)".[31]

White escribe:

> He aquí una preciosa promesa. Los propósitos y planes de Dios se abrirán a sus discípulos. ¿Qué es un discípulo? Un aprendiz, siempre aprendiendo. Los acontecimientos venideros de carácter solemne se abren ante nosotros, y Dios no quiere que ninguno de nosotros piense que en estos últimos días no hay nada más que debamos saber. Esta es una trampa continua de Satanás: quiere que nos enfrentemos a los acontecimientos venideros sin una preparación especial, que es esencial para guiarnos a través de toda dificultad. Quiere que tropecemos en la ignorancia, haciendo que el engreimiento, la autoestima y la confianza en nosotros mismos ocupen el lugar del verdadero conocimiento.[32]

---

[30] White, *El deseo de los siglos*, p. 130 [versión Kindle Cloud Reader].

[31] Mark R. Brown (2012). *Por esto sabrán: Principios de discipulado para transformar la iglesia*, p. 70.

[32] Ellen G. White (1886). Christian Integrity in the Ministry (Integridad cristiana en el ministerio), pp. 5-6.

Y añade:

> Cuanto más satisfecho esté alguien consigo mismo y con su conocimiento actual, menos sincera y humildemente buscará ser guiado a toda la verdad.

Cuanto más satisfecho esté alguien consigo mismo y con su conocimiento actual, menos sincera y humildemente buscará ser guiado a toda la verdad. Cuanto menos tenga el Espíritu Santo de Dios, más satisfecho y complaciente se sentirá. No buscará seriamente y con el más profundo interés para conocer más de la verdad. Pero a menos que siga el ritmo del Líder, que está guiando hacia toda la verdad, se quedará atrás, retrasado, cegado, confundido, porque no está caminando en la luz ... La palabra de Dios debe ser el hombre de nuestro consejo ... Todo el cielo está mirando al pueblo remanente de Dios, para ver si hacen de la verdad su único escudo y brazalete. A menos que la verdad sea presentada tal como es en Jesús y sea plantada en el corazón por el poder del Espíritu de Dios, incluso los ministros se encontrarán alejados de Cristo, alejados de la piedad, alejados de los principios religiosos. Se convertirán en líderes ciegos de los ciegos.[33]

White declara: "Bajo la guía del Espíritu Santo, la mente que se dedica sin reservas a Dios se desarrolla armoniosamente y se fortalece para comprender y cumplir los requisitos de Dios. El carácter débil y vacilante se transforma en uno de fuerza y firmeza. La devoción continua establece

---

[33] White, *Christian Integrity in the Ministry*, pp. 8-11.

una relación tan estrecha entre Jesús y su discípulo que el cristiano llega a ser como Él en mente y carácter".[34]

Depender de Dios

Desde su bautismo hasta la cruz, Jesús siempre dependió de Dios para todo. De la misma manera, a lo largo de toda su vida, el discípulo debe depender de Dios para cada giro y torsión de la misión. En el momento en que empezamos a seguir nuestras propias voluntades, dejamos de ser discípulos de Jesús.

White escribe:

> Siempre ha habido en la Iglesia quienes se inclinan por la independencia individual. Parecen incapaces de darse cuenta de que la independencia de espíritu puede llevar al agente humano a tener demasiada confianza en sí mismo y a confiar en su propio juicio en lugar de respetar el consejo y estimar altamente el juicio de sus hermanos, especialmente de aquellos que ocupan los cargos que Dios ha designado para la dirección de su pueblo. Dios ha investido a su iglesia con una autoridad y un poder especiales, que nadie puede justificar si hace caso omiso y desprecia, porque quien lo hace desprecia la voz de Dios.[35]

Añade: "Al igual que los discípulos, corremos el peligro de perder de vista nuestra dependencia de Dios... Tenemos que mirar constantemente a Jesús, dándonos cuenta de que es su poder el que hace la obra. Aunque

---

[34] White, El deseo de los siglos, p. 13 [versión Kindle Cloud Reader].

[35] White, Los Hechos de los Apóstoles, pp. 163-164 [versión Kindle Cloud Reader].

debemos trabajar con ahínco por la salvación de los perdidos, también debemos dedicar tiempo a la meditación, a la oración y al estudio de la Palabra de Dios. Solo el trabajo realizado con mucha oración, y santificado por el mérito de Cristo, demostrará al final haber sido eficiente para el bien".[36]

Su uso de la palabra

El discípulo debe desarrollar un amor especial por las Escrituras: ahí es donde conoceremos mejor a Jesús. Jesús dijo: "Escudriñad las Escrituras, porque en ellas pensáis que tenéis la vida eterna; y éstas son las que dan testimonio de mí" (Juan 5: 39). Ahí está la Palabra de Dios para nuestras vidas. Pablo escribió: "Toda la Escritura es inspirada por Dios y es útil para enseñar, para reprender, para corregir y para instruir en la justicia" (2 Timoteo 3:16). En la historia de la tentación que se encuentra en Mateo 4:1-11, podemos ver que Jesús obtuvo la victoria sobre el diablo utilizando las Escrituras. No habrá posibilidad de vivir una vida victoriosa sin las Escrituras. Los discípulos de Jesús deben desarrollar un amor especial por la Biblia y leerla todos los días.

Cuando consideramos el papel vital de la Biblia en la vida de Jesús, podemos entender cómo el discípulo debe reconocer la importancia de la Biblia para su vida cotidiana.

Jesús utiliza la Biblia como centro de su ministerio. Comenzó su ministerio leyendo la Biblia (Lucas 4:16-21). La utilizó en la tentación (Mateo 4:4); en la discusión con los judíos (Juan 12:47-49); para enseñar a la gente (Juan 5:39, 10:35); en la cruz (Mateo 27:46, Salmo 22:2); y

---

[36] White, *El deseo de los siglos*, p. 362 [versión Kindle Cloud Reader].

después de Su resurrección, con los dos discípulos en el camino de ida y vuelta a Emaús (Lucas 24:13-35).

Jesús dice: "Si permanecéis en mi palabra, seréis verdaderamente mis discípulos. Y conoceréis la verdad, y la verdad os hará libres" (Juan 8: 31-32).

White escribe que podemos vencer al malvado por la forma en que Cristo venció: el poder de la Palabra.[37] Añade que los seguidores de Jesús no están en la voluntad de Dios si se contentan con permanecer en la ignorancia de su Palabra. Todos deben convertirse en estudiantes de la Biblia.

Cristo ordena a sus seguidores: "Escudriñad las Escrituras, porque en ellas creéis tener la vida eterna; y ellas son las que dan testimonio de mí" (Juan 5:39 RVR).

Pedro nos exhorta: "Santificad al Señor Dios en vuestros corazones, y estad siempre dispuestos a dar respuesta a todo el que os pida razón de la esperanza que hay en vosotros, con mansedumbre y temor" (1 Pedro 3: 15).

Bullón (2017) declara que, a través del estudio diario de la Biblia, desarrollamos una comunión con Jesús. El resultado es la transformación del discípulo en la semejanza de Cristo. Pablo dice: "Pero todos nosotros, a cara descubierta, contemplando como en un espejo la gloria del Señor, somos transformados de gloria en gloria en la misma imagen, como por el Espíritu del Señor" (2 Corintios 3:18 RVR). Contemplar la "gloria del Señor" no es una experiencia mística. No es un acto de meditación trascendental. Es una experiencia práctica de comunión.

---

[37] White, El deseo de los siglos, p. 136 [versión Kindle Cloud Reader].

Su poder del Espíritu Santo

No podría haber discípulos sin la obra del Espíritu Santo en nuestras vidas. Desde el primer al último libro de la Biblia, se puede ver la importancia del Espíritu Santo.

El Espíritu Santo no es una fuerza o una influencia; es una persona. "Puede ser contrariado (Efesios 4:30), puede ser apagado en cuanto al ejercicio de Su voluntad (1 Tesalonicenses 5:19), y puede ser resistido (Hechos 7:51)".[38] Él es Dios.

Paul escribió:

> Pero Dios nos las ha revelado por medio de su Espíritu. Porque el Espíritu escudriña todas las cosas, sí, las cosas profundas de Dios. Porque ¿quién conoce las cosas del hombre sino el espíritu del hombre que está en él? Así tampoco nadie conoce las cosas de Dios, sino el Espíritu de Dios. (1 Corintios 2:10-11 LBLA)

Él les enseñará porque es "el Consolador, el Espíritu Santo, que el Padre enviará en mi nombre, él les enseñará todas las cosas" (Juan 14:26 RVR). Solo Él puede guiarnos en toda la verdad. "Pero cuando venga el Espíritu de la verdad, os guiará a toda la verdad" (Juan 16: 13).

Desde el principio de su ministerio hasta el final, Jesús estuvo lleno del Espíritu Santo.

Así pues, llegó a Nazaret, donde se había criado. Y como era su costumbre, entró en la sinagoga en el día de reposo y se puso de pie para

---

[38] Alistair Begg (2021). *Cinco verdades sobre el Espíritu Santo*. Ligonier Ministries.

leer. Y le entregaron el libro del profeta Isaías. Y cuando abrió el libro, encontró el lugar donde estaba escrito:

> "El Espíritu del Señor está sobre mí,
> Porque me ha ungido para predicar el evangelio a los pobres;
> Me ha enviado a curar a los quebrantados de corazón,
> Para proclamar la libertad a los cautivos
> Y la recuperación de la vista de los ciegos,
> Liberar a los oprimidos;
> Para proclamar el año agradable del Señor".

Luego cerró el libro, lo devolvió al asistente y se sentó. Y los ojos de todos los que estaban en la sinagoga se fijaron en Él. Y comenzó a decirles: "Hoy se ha cumplido esta Escritura ante vosotros". (Lucas 4: 16-21)

Incluso en la cruz, el Espíritu Santo estaba con Jesús para ayudarle en sus sufrimientos:

> Porque si la sangre de los toros y de los machos cabríos y la ceniza de la vaquilla, rociando a los impuros, santifican para la purificación de la carne, ¿cuánto más la sangre de Cristo, que por el Espíritu eterno se ofreció a sí mismo sin mancha a Dios, limpiará vuestra conciencia de obras muertas para servir al Dios vivo? (Hebreos 9:13-14)

White escribe: "Dios toma a los hombres tal como son y los educa para su servicio si se someten a él. El Espíritu de Dios, recibido en el alma, vivificará todas sus facultades. Bajo la guía del Espíritu Santo, la mente que se dedica sin reservas a Dios se desarrolla armoniosamente, y se fortalece para comprender y cumplir los requerimientos de Dios".[39]

---

[39] White, *El deseo de los siglos*, p. 131 [versión Kindle Cloud Reader].

Donald Whitney (2014) escribe: "Dondequiera que habite el Espíritu Santo, su santa presencia crea un hambre de santidad. Su tarea principal es magnificar a

Dondequiera que habite el Espíritu Santo, su santa presencia crea un hambre de santidad.

Cristo (ver Juan 16:14-15), y comienza a llevar a cabo la voluntad de Dios de hacer al hijo de Dios como el Hijo de Dios (ver Romanos 8:29)".[40]

El autocontrol, según Gálatas 5:23, es un producto directo del control del Espíritu en la vida del creyente. Cuando el cristiano expresa este autocontrol producido por el Espíritu mediante la práctica de las disciplinas espirituales, el resultado es el progreso en la piedad. White afirma: "El Espíritu Santo es el aliento de vida espiritual en el alma".[41]

Onyinah (2017) dice: "Los principales recursos que Dios ha dado a su pueblo para discipular a otros incluyen el Espíritu Santo, que siempre está con ellos (Lucas 24:49; Hechos 1:8); su Palabra, que sigue estando disponible para ellos (Juan 15:1-17); y los dones espirituales que están a su disposición (Efesios 4:11-16; 1 Corintios 12:7-11). El Espíritu Santo es la fuerza vital del celo evangelizador del discípulo. Sin el Espíritu Santo, no hay testimonio (Hechos 1:8)".[42]

---

[40] Donald S. Whitney (2014). *Spiritual Disciplines for the Christian Life*, p. 291 [versión Kindle Cloud Reader].

[41] White, *Christian Service,* p. 180.

[42] Opoku Onyinah (2017). "El significado del discipulado", *International Review of Mission, 106*(2), 216-227.

El discípulo de Jesús debe buscar estar lleno del Espíritu Santo cada día. Sin el Espíritu Santo, nadie puede seguir a Jesús.

Su vida de oración

La vida de Jesús fue una vida de oración. Desde el principio de su ministerio hasta el final, podemos ver a Jesús en oración. No podemos ser discípulos de Jesús sin una vida de oración.

White declara: "Al atardecer o por la mañana temprano, Jesús se iba al santuario de las montañas para tener comunión con su Padre. A menudo, pasaba toda la noche en oración y meditación, regresando al amanecer a su trabajo entre la gente".[43] Y añade: "El Redentor había pasado noches enteras orando por sus discípulos, para que su fe no decayera".[44]

Ella dice:

> Los discípulos oraron para que se les impartiera mayor fuerza en la obra del ministerio, pues veían que encontrarían la misma oposición decidida que Cristo había encontrado cuando estaba en la tierra. Mientras sus oraciones unidas ascendían con fe al cielo, llegó la respuesta. El lugar donde estaban reunidos fue sacudido, y fueron dotados nuevamente del Espíritu Santo. Sus corazones se llenaron de valor y volvieron a salir a proclamar la palabra de Dios en Jerusalén. "Con gran poder dieron los apóstoles testimonio de la

---

[43] White, *El deseo de los siglos*, pp. 136-137 [versión Kindle Cloud Reader].

[44] Ibídem, p. 393.

resurrección del Señor Jesús", y Dios bendijo maravillosamente sus esfuerzos.[45]

White escribe: "Cuando esta reforma comience, el espíritu de oración actuará en cada creyente y desterrará de la iglesia el espíritu de discordia y lucha".[46]

Jesús nos dijo: "Pedid lo que queráis y se os hará" (Juan 15: 7).

Hull (2007) escribe que el discípulo aprende a hablar con Dios escuchando primero lo que Dios dice. La oración responde a lo que Dios ya ha dicho. Permanecer en Cristo requiere tanto la Palabra de Dios como la oración.

> Debemos tener intercesores en nuestras iglesias.

Bullón (2017) afirma que debemos tener intercesores en nuestras iglesias. Jesús sabía que los discípulos, por muy buenas intenciones que tuvieran, estaban condenados a la derrota si intentaban recorrer el camino cristiano por sí mismos. Por eso, Él oró por nosotros.

> "¡Simón, Simón! En efecto, Satanás ha preguntado por ti, para tamizarte como el trigo. Pero yo he orado por ti, para que tu fe no desfallezca; y cuando vuelvas a mí, fortalece a tus hermanos" (Lucas 22: 31-32 RVR).

Este texto tiene dos componentes. Primero, Jesús sintió compasión por Pedro y sus otros discípulos y oró por ellos. A Pedro le dijo: "He orado

---

[45] White, *Los Hechos de los Apóstoles*, p. 67.

[46] White, Christian Service, edición Kindle, p. 29.

por ti, Simón, para que tu fe no desfallezca". Luego le da una orden: "Y cuando te hayas vuelto, refuerza a tus hermanos".

La vida de oración de Jesús nos enseña no solo a orar sin cesar, sino también a orar por los demás. El discípulo es un intercesor.

Su obediencia

Jesús fue obediente a su Padre.

> Fue un poco más lejos, se postró sobre su rostro y oró diciendo: "Padre mío, si es posible, que pase de mí esta copa; pero no como yo quiero, sino como tú quieres" (Mateo 26:39 LBLA).

White escribe que "ser cristiano es convertirse en discípulo de Cristo. Eso significa obediencia, y nada que no sea esto será aceptado".[47]

Afirma que "la obediencia es la prueba del discipulado. Pero ¡qué poco aprecian los hombres el privilegio de tener la compañía de Cristo, de estar en armonía con Dios! No se dan cuenta de que son propiedad de Cristo, comprado con un precio infinito y que deben glorificar a Dios en su cuerpo y en su espíritu, que son suyos. La amistad más importante es la de Dios".[48]

William Whitmore (2018) menciona que la comprensión de Bonhoeffer del discipulado requiere que el creyente individual -y la iglesia en su conjunto- elija seguir a Cristo. Una vez tomada esta decisión, el discípulo debe ser obediente a Dios.

---

[47] Ellen G. White (1897). *The Youth's Instructor*, par. 15.

[48] Ellen G. White (1894). *Letters and Manuscripts*, vol. 9, Ms 105, 1894, par. 20.

Su humildad

En este mundo de materialismo, es difícil practicar la humildad. White menciona: "Estoy agradecido de que Dios es un gobernante sabio, y todo aquel que sea un verdadero discípulo de Cristo será humilde, levantará su cruz y seguirá mansamente donde el abnegado y sacrificado Jesús guíe el camino".[49]

En Filipenses 2:1-11, Pablo escribe sobre la humildad de Jesús:

> Entonces Jesús les dijo: "Cuando levantéis al Hijo del Hombre, entonces sabréis que yo soy, y que no hago nada por mí mismo, sino que, como me enseñó mi Padre, hablo estas cosas. Y el que me envió está conmigo. El Padre no me ha dejado solo, porque siempre hago lo que le agrada". Al decir estas palabras, muchos creyeron en Él. (Juan 8: 28-30)

Jesús dijo: "No busco mi propia gloria" (Juan 8: 50).

El que habla por sí mismo busca su propia gloria; pero el que busca la gloria del que lo envió es veraz, y no hay injusticia en él (Juan 7:18 RVR).

Pablo escribe: "Sin embargo, también estimo todas las cosas como pérdida por la excelencia del conocimiento de Cristo Jesús, mi Señor, por quien he sufrido la pérdida de todas las cosas, y las considero como basura, para ganar a Cristo" (Filipenses 3:8 RVR).

El discípulo siempre mirará la humildad de su Maestro. El discípulo debe ser humilde.

---

[49] Ellen G. White (1888). *1888 Materials*, p. 991.

Su amor

La historia de Jesús es la historia de un amante. Él aceptó venir a esta tierra para sufrir y morir solo porque nos ama. A cambio, pide a sus discípulos que amen.

Estas cosas os mando, que os améis unos a otros. (Juan 15:17)

El amor es la prueba definitiva para demostrar que eres discípulo de Jesús. Jesús dijo: "En esto conocerán todos que sois mis discípulos, si tenéis amor los unos por los otros" (Juan 13:35 RVR). Tendremos amor por los demás a través del Espíritu Santo. Leemos en Gálatas 5:22-23: "Pero el fruto del Espíritu es amor, gozo, paz, paciencia, benignidad, bondad, fidelidad, mansedumbre y dominio propio. Contra esto no hay ley" (RVA).

Como discípulos de Jesús, debemos mostrar amor a los demás porque Dios es amor. Nunca olvides que el amor es más grande que la fe y la profecía.

Para ser discípulo de Cristo, debes seguirle cada día en todos los aspectos de tu vida. Este es tu llamado. Estás llamado a seguirle en tu familia, en tu trabajo, en la iglesia y dondequiera que estés. Así es como descubrirás tu verdadera identidad. Así es como entenderás por qué has nacido en esta tierra. Y cuanto más sigas a Jesús, más te parecerás a Él.

Aplicación personal

En estos últimos días, quiero ser uno de los discípulos de Jesús, pidiéndole que me ayude a negarme a mí mismo y a aprender de Él cada día. Quiero que Jesús reforme mi vida espiritual. A partir de hoy, quiero vivir para Jesús, no para mí.

Oraciones sugeridas

1. Espíritu Santo, ayúdame a negarme a mí mismo cada día y a dejar que Jesús viva en mí.

2. Oh Jesús, hoy te doy mi vida de nuevo. Toma mi débil mano en Tus poderosas manos. Quiero seguirte cada día.

3. Querido Jesús, bautízame cada día con el Espíritu Santo para que pueda ser un discípulo obediente.

CAPITULO 3

—◆—◆—◆—

ELEGIDO PARA SER COMO JESÚS

"Al atardecer o por la mañana temprano, Jesús se retiraba al santuario de las montañas para comulgar con su Padre. A menudo, pasaba toda la noche en oración y meditación, volviendo al amanecer a su trabajo entre la gente".
—Ellen G. White

Un día, mi mujer tenía que trabajar un sábado por la noche. Antes de ir al hospital, sintió que tenía que orar, y también pidió a algunos amigos que oraran por ella. Cuando llegó a la planta, estaba tranquila y algunos pacientes estaban hablando entre ellos. Después de entrar en el puesto de enfermería y esperar a que le dieran el informe diario, la llamaron para pedir ayuda. Un paciente, que antes estaba tranquilo, había empezado a comportarse mal. Ella fue a la habitación, donde los otros pacientes le dijeron: "Es por tu culpa".

Los pacientes se tiraban de los pelos y gritaban. Cuando se calmaron, mi esposa descubrió que los pacientes habían tenido una reunión sobre cómo convertirse en satanistas. La presencia de Cristo, a través de su siervo, mi esposa, había perturbado la ceremonia.Cuando eres un discípulo de Jesús, Él te da poder sobre todos los demonios.

Entonces los setenta volvieron con alegría, diciendo: "Señor, hasta los demonios se nos someten en tu nombre". Y les dijo: "He visto a Satanás caer del cielo como un rayo. He aquí que os doy autoridad para hollar serpientes y escorpiones, y sobre todo el poder del enemigo, y nada os hará daño. Sin embargo, no os alegréis de que los espíritus se os sometan, sino alegraos porque vuestros nombres están escritos en el cielo" (Lucas 10:17-20 LBLA).

Somos los embajadores de Dios en esta tierra.

Me gustaría que entendieras que Dios quiere que seamos como Jesús. Este es el objetivo final de todos los planes redentores. Por eso Jesús vino y murió en esta tierra. Esta meta alcanza a todo creyente. Dios solo quiere tu voluntad, tu disponibilidad y tu disposición, y Él hará el resto a través del Espíritu Santo. Jesús dijo: "Permaneced en mí, y yo en vosotros" (Juan 15: 4).

Elegido para dar fruto

No basta con decir que somos cristianos. La gente debe ver eso en nuestras vidas. En otras palabras, el discípulo de Jesús debe dar fruto. El discípulo da fruto para la gloria de Dios.

Onyinah (2017) afirma que una de las marcas de los discípulos es que dan fruto para Cristo. Esto queda bien demostrado en Juan 15:1-17, donde se dice que los discípulos de Jesús "den fruto", "más fruto" y "mucho fruto", y que "el fruto debe permanecer" (Juan 15:2, 5, 8, 16 RVR). Jesús afirma: "En esto es glorificado mi Padre, en que llevéis mucho fruto; así seréis mis discípulos" (Juan 15: 8 RV).

Onyinah (2017) añade:

Hay dos tipos de frutos. El primero es el fruto del carácter. Los discípulos necesitan ser como su Maestro en carácter. El carácter de Cristo está representado por el fruto del Espíritu: "amor, gozo, paz, paciencia, benignidad, bondad, fidelidad, mansedumbre, dominio propio" (Gálatas 5:22-23). En el cristianismo actual, la gente tiende a desear el poder de realizar actos sobrenaturales. Muchas personas se sienten atraídas por los que dicen ser hacedores de milagros, aclamando a tales personas como más espirituales. Aunque la promesa de poder existe en los dichos de Jesús (Juan 14:12; Hechos 1:8), la evidencia de la verdadera espiritualidad se demuestra en la transformación del carácter, que incluye toda la actitud, la perspectiva y la relación con los demás (Mateo 7:22-23; Juan 13:35).[50]

Onyinah continúa: "En segundo lugar, está el fruto por medio de la influencia en las vidas de otros para Cristo. Todo fruto contiene una semilla que garantiza su reproducción. Se espera que los discípulos reproduzcan su especie. Deben ganar a otros para Cristo y discipularlos hasta la madurez para que los ganados también den fruto y hagan que el ciclo continúe".[51]

Babcock (2002) escribe que Pablo vivió la advertencia de 2 Timoteo 2:2:

Pablo se reprodujo en la batalla con soldados como Timoteo, Tito, Silo (Silvanus), Euodia, Syntyche, Epafrodito, Priscila y Aquila. Pablo llamó a Timoteo su verdadero hijo en la fe y le

---

[50] Onyinah, "The Meaning of Discipleship", p. 242.

[51] Ibid.

ordenó que siguiera sus instrucciones para que, al obedecerlas, pudiera combatir la buena batalla de la fe. (1 Timoteo 2:18)

En esto es glorificado mi Padre, en que ustedes den mucho fruto. (Juan 15: 8)

> Hay trabajo que hacer en la iglesia y fuera de ella.

White escribe que hay trabajo que hacer en la iglesia y fuera de ella: "El fruto que damos es la única prueba del carácter del árbol ante el mundo. Es la prueba de nuestro discipulado. Si nuestras obras son de tal carácter que, como pámpanos de la Vid Viva, damos ricos racimos de precioso fruto, entonces llevamos ante el mundo la propia insignia de Dios como sus hijos e hijas. Somos epístolas vivas, conocidas y leídas por todos los hombres".[52]

El otro elemento distintivo de la llamada de Jesús al discipulado es la santidad. Jesús dijo: "Santifícalos en tu verdad. Tu palabra es la verdad" (Juan 17:17). Y añadió: "Y por ellos me santifico a mí mismo, para que ellos también sean santificados por la verdad" (Juan 17: 19).

Brown (2012) dice: "Esta marca distintiva no solo identifica el nuevo carácter del creyente, sino que también identifica el propósito eterno de Dios. Pablo escribió: "Nos eligió en Él antes de la fundación del mundo, para que fuéramos santos y sin mancha ante Él en el amor" (Efesios 1:4 RVR). Es esencial reconocer que la santidad es el objetivo de la llamada de Dios para todos los cristianos, no solo para unos pocos "supercristianos".

---

[52] White, Testimonios para la Iglesia, vol. 5, p. 348.

> Pero como el que os ha llamado es santo, sed también vosotros santos en toda vuestra conducta, porque está escrito: "Sed santos, porque yo soy santo" (1 Pedro 1:15-16 RVR).

Elegido para amar

Cole (2018) escribe que el Gran Mandamiento es el llamado al amor, alimentando el trabajo de la Gran Comisión con ese amor. El proceso de amor fue iniciado por Dios en su plan misionero para amar a la humanidad de vuelta a una relación con Él.

Bullón (2017) afirma que la iglesia de Dios es la iglesia del amor. El amor es su principal característica. Por su amor a Dios, sigue sus instrucciones y consejos, y por su amor a los seres humanos, entra en un mundo sin amor para llevar a la gente a Jesús.

White escribe que el amor es la evidencia del discipulado.[53]

En esto conocerán todos que sois mis discípulos, si os tenéis amor unos a otros. (Juan 13: 35)

Hull (2007) sostiene que los discípulos aman como Cristo ama. Jesús dijo: "Este es mi mandamiento: que os améis unos a otros como yo os he amado. Nadie tiene mayor amor que el que da la vida por sus amigos... Esto es lo que os mando: que os améis unos a otros" (Juan 15: 12-13, 17).

Pablo nos otorga el himno del amor bíblico:

> El amor sufre mucho y es bondadoso; el amor no tiene envidia; el amor no se pavonea, no se envanece; no se comporta con rudeza, no busca lo suyo, no se provoca, no piensa en el mal; no se alegra de la iniquidad, sino que se alegra

---

[53] White, El deseo de los siglos, p. 678 [versión Kindle Cloud Reader].

de la verdad; todo lo soporta, todo lo cree, todo lo espera, todo lo soporta.

El amor nunca falla. Pero si hay profecías, fallarán; si hay lenguas, cesarán; si hay conocimiento, se desvanecerá. Porque en parte conocemos y en parte profetizamos. Pero cuando llegue lo que es perfecto, entonces lo que es en parte desaparecerá.

Cuando era niño, hablaba como un niño, entendía como un niño, pensaba como un niño; pero cuando me hice hombre, dejé de lado las cosas de niño. Porque ahora vemos en un espejo, tenuemente, pero luego cara a cara. Ahora conozco en parte, pero entonces conoceré tal como soy conocido.

Y ahora permanecen la fe, la esperanza y el amor, estos tres; pero el mayor de ellos es el amor. (1 Corintios 13:4-13)

Elegido para vivir a semejanza de Jesús

> El objetivo final de cada discípulo es llegar a ser como Jesús.

El objetivo final de cada discípulo es llegar a ser como Jesús. Esta idea se deriva de varios pasajes del Nuevo Testamento. En su carta a los gálatas, Pablo escribió: "Hasta que Cristo se forme en vosotros" (Gálatas 4:19 RVR). La palabra inglesa "form" viene del griego *morph*, que significa dar forma. En 2 Corintios 3:18, Pablo escribió: "Pero todos nosotros, mirando a cara descubierta como en un espejo la gloria del Señor, somos transformados (*metamorphóomai*) en la misma imagen de gloria en gloria, como por el Espíritu del Señor". Este versículo hace evidente que la evolución espiritual es una obra divina realizada por el

Espíritu Santo. No tenemos una comunión física con Jesús como la que disfrutaron los primeros doce discípulos; la nuestra es espiritual.

Bullón (2017) afirma que cuando Jesús llamó a sus discípulos, quiso que fueran como Él. Los verdaderos discípulos son como su Maestro y hacen lo que su Maestro hace. Pablo se convirtió en discípulo de Cristo y luego escribió a los corintios: "Sed imitadores de mí, así como yo imito a Cristo" (1 Corintios 11: 1). Y a los filipenses les escribió: "Hermanos, únanse a mi ejemplo, y observen a los que así andan, pues nos tienen por modelo" (Filipenses 3:17 RVR). Pablo se atrevió a hacer tal declaración porque tenía una convicción. "He sido crucificado con Cristo; ya no vivo yo, sino que Cristo vive en mí; y la vida que ahora vivo en la carne la vivo por la fe en el Hijo de Dios, que me amó y se entregó a sí mismo por mí" (Gálatas 2: 20). ¿Y cómo llegó Pablo a tal experiencia? A través de la comunión diaria con Jesús.

Onyinah (2017) escribe que el objetivo final de los discípulos, como se ha dicho, es ser como el Maestro. Para llegar a ser como el Maestro de uno, ese individuo debe aferrarse a las enseñanzas del Maestro.

Hull (2007) declara que Jesús asumió voluntariamente nuestra humanidad; nosotros tenemos que asumir voluntariamente la semejanza con Cristo.

Onyinah (2017) afirma que, aunque la semejanza con Cristo es el objetivo final del discípulo (1 Corintios 11:1; Efesios 4:13, 15, 20; Colosenses 1:28), Dios utiliza agentes humanos en esta obra transformadora (1 Corintios 4:16-17; 11:1). El agente humano ya debe haberse convertido en discípulo, ya que, ya sea para bien o para mal, el discípulo llegará a ser como su maestro (Lucas 6:40). Por lo tanto, es esencial que todo creyente que discierna a otro exhiba los rasgos que poseía Jesús.

Brown (2012) declara que, finalmente, el objetivo del discipulado es transformar al creyente en la semejanza de Jesús. "Porque a los que conoció de antemano, también los predestinó para que fueran conformados a la imagen de su Hijo, para que fuera el primogénito entre muchos hermanos" (Romanos 8:29 RVR).

Hull (2007) menciona que en Juan 15:7-17, Jesús enseña que su relación con los discípulos es como la de una vid con los sarmientos.

El pecado intenta oscurecer la imagen de Dios en las almas humanas. El discipulado es el camino divino para restaurar la imagen de Dios en nosotros. Podemos entender por qué el enemigo hará todo lo posible para empujar al pueblo de Dios a descuidar o pasar por alto el discipulado.

White declara: "Los que profesan ser discípulos de Cristo deben ser elevados en todos sus pensamientos y actos, y deben darse cuenta siempre de que son aptos para la inmortalidad; y que, si se salvan, deben ser sin mancha, ni arruga, ni nada parecido. Su carácter cristiano debe ser sin una mancha, o serán declarados no aptos para ser llevados al cielo, para morar con seres puros y sin pecado en el reino eterno de Dios".[54]

Añade que Dios "da el Espíritu Santo para ayudar en todas las dificultades, para fortalecer nuestra esperanza y seguridad, para iluminar nuestras mentes y purificar nuestros corazones".[55]

---

[54] White, *A Solemn Appeal*, lugar 292 [versión Kindle Cloud Reader].

[55] White, *Testimonios para la Iglesia*, vol. 8, lugar 57884 [versión Kindle Cloud Reader].

> El discipulado no es otro método o programa. Es el mandato de Dios en la gran controversia para restaurar su imagen en sus hijos.

En resumen, podemos decir que Jesús quiere que seamos como Él. Al final de su ministerio, antes de ascender al cielo, Jesús dio la Gran Comisión con un énfasis particular, pidiendo a sus seguidores que hicieran discípulos. El discipulado no es otro método o programa. Es el mandato de Dios en la gran controversia para restaurar su imagen en sus hijos. Pero, para perseverar en este extraordinario viaje, necesitas algunas disciplinas espirituales.

Aplicación personal

El Espíritu Santo tiene la influencia y la autoridad para hacer que cualquiera llegue a ser como Jesús. Si no llegas a ser como Jesús, no es culpa de Dios. Es tu responsabilidad. ¿Qué meta puede ser más agradable que esa? Después de todo, este es tu destino, y muy pronto, estarás con Jesús para siempre.

Oraciones sugeridas

1. Oh Dios, entiendo que quieres que sea como Jesús. Cumple esta meta en mi vida por Tu gracia.
2. Oh Jesús, ayúdame a ser como Tú en mi familia, en mi trabajo, en mi iglesia y en todos los aspectos de mi vida cotidiana.

PARTE II

¿CÓMO SER UN DISCÍPULO?

CAPITULO 4

---◆---◆---◆---

ELEGIDO PARA PRACTICAR LAS DISCIPLINAS ESPIRITUALES

"La meditación y la oración evitarían que nos precipitáramos sin querer en el camino del peligro, y así nos salvaríamos de muchas derrotas".
—Ellen G. White

Los que han pasado tiempo en la adoración, la oración o el ayuno pueden dar testimonio de la alegría que experimentan después de esos momentos. Un día, de regreso a casa después de un día de adoración, estaba con mi esposa, Gina, y mi hija, Daniela. Después de un rápido comentario sobre el día, Daniela se quedó dormida. Yo estaba hablando con Gina sobre el culto del día. Ambos fuimos inmensamente bendecidos por el texto principal del sermón, que se encuentra en Lucas 9:1- "Entonces llamó a sus doce discípulos y les dio poder y autoridad sobre todos los demonios, y para curar enfermedades". Fue como una nueva revelación para nosotros. Entendimos mejor qué capacidades da Jesús a sus discípulos. Este versículo me ayudó toda la semana. La adoración es una de las disciplinas espirituales para el discípulo. Las disciplinas espirituales te ayudarán a encontrar a Dios en este mundo ruidoso y te darán claridad mental. Las disciplinas espirituales son la manera de mantener tu comunión con Jesús.

El año pasado, un grupo de cinco pastores, incluido yo mismo, fuimos a México. Estábamos encantados de volver a vernos. El itinerario fue desde el aeropuerto JFK de Nueva York hasta Monterrey, México, con una breve escala en Ciudad de México. Durante ese tiempo, nos reímos juntos, hablando de casi todo. A los pastores les encanta hablar. Llegó el momento de salir de Ciudad de México hacia Monterrey. Estábamos en la fila para el último control antes de abordar el avión. El personal de la aerolínea en el puesto de control miró nuestras tarjetas de embarque, pero detuvo a uno de nosotros, diciéndole a ese pastor que su vuelo ya había salido. Cuatro de nosotros teníamos el vuelo 910, pero para este pastor en particular, su número de vuelo era el 906. Había perdido su vuelo.

Eso fue un shock y una sorpresa para el grupo, pero podría pasarme fácilmente a mí o a cualquiera de nosotros. Estábamos juntos, disfrutando del tiempo. Nos apoyábamos los unos en los otros sin tomarnos el tiempo de mirar con atención nuestras tarjetas de embarque personales.

En esta vida, eres único; cada uno de nosotros tiene un itinerario específico. Para no perder tu vuelo, debes sacar un tiempo especial cada día para mirar tu itinerario personal con Jesús.

Aunque te sientas bien y pienses que todo está bien, si no dedicas tiempo a escuchar a Jesús cada día, podrías perderte el sueño que el Señor ha diseñado específicamente para tu vida. Ahí es donde las disciplinas espirituales pueden ayudar.

Las disciplinas espirituales te ayudarán a encontrar a Dios en un mundo ruidoso. Las disciplinas espirituales son la manera de mantener tu comunión con Jesús.

Harrington (2017) cita a Kevin DeYoung, escribiendo que nadie alcanza el nivel más alto en el deporte sin ejercitarse. Nadie lo consigue en la música sin mucha práctica. Nadie brillará en el conocimiento sin un largo estudio. Y en la escuela de santidad, nadie puede llegar lejos sin horas y días y años en el estudio de la Biblia.

> El camino a la piedad es un camino de disciplina.

Hull (2006) escribe que el camino a la piedad es un camino de disciplina. Añade que las disciplinas espirituales son una parte necesaria para creer y seguir a Cristo.

Lynn (2014) afirma que las disciplinas espirituales son comportamientos o hábitos que alguien practica para ser más como Cristo. El apóstol Pablo le pidió a su joven seguidor Timoteo que se disciplinara para alcanzar la piedad. Pablo escribe: "Rechaza las fábulas profanas y de viejas, y esfuérzate por alcanzar la piedad" (1 Timoteo 4:7 RVR).

La palabra que usa Pablo es la palabra "disciplina" o *entrenar* en griego (Γύμναζε) que puede ser traducida como *gymnaze*, de la cual obtenemos la palabra "gimnasio". El Espíritu Santo sabe que necesitamos ejercicio y disciplina en nuestra vida de discípulos.

La disciplina implica tiempo y esfuerzo. Lynn escribe: "Las disciplinas espirituales como la oración, la lectura de la Palabra de Dios, la comunidad (o el compañerismo), el ayuno y la adoración, practicadas durante un período significativo, producen un cambio en la vida".[56]

Ser discípulo de Jesús requiere disciplina espiritual.

Pablo dijo: "Todos los que compiten por el premio son templados en todo. Ellos lo hacen para obtener una corona perecedera, pero nosotros para una corona imperecedera" (1 Corintios 9:25 RVR). Aquí podemos ver que el Espíritu Santo anima a los creyentes a practicar ciertas disciplinas en su vida espiritual.

Segundo Timoteo 2:5 es otro texto sobre las disciplinas espirituales, donde Pablo dice que quien compite como un atleta no recibe la corona de vencedor si no compite según las reglas.

Brown (2012) escribe: "Las disciplinas espirituales son aquellas prácticas bíblicas intencionales y regulares de los seguidores de Cristo que los posicionan ante Dios para que Él pueda transformarlos"; en resumen, son herramientas de entrenamiento que "desarrollan la intimidad con Dios y la aptitud para servir. ... Las disciplinas espirituales incluyen, pero no se limitan a, la lectura de la Biblia, la oración, el ayuno, el servicio, la ofrenda, el diario y la adoración".[57]

Travis (1965) sostiene que la disciplina es el trabajo continuo del discipulado. Podemos ver en la vida de Jesús el modelo y la motivación para una vida disciplinada.

---

[56] Jeffrey Lynn (2014). Haciendo discípulos de Jesucristo: Investigando, Identificando e Implementando un Sistema de Discipulado Efectivo, p. 7.

[57] Brown, By This They Will Know: Discipleship Principles to Transform the Church, p. 70.

White escribe: "Dios espera que su iglesia discipline y capacite a sus miembros para la obra de iluminar al mundo".[58]

Whitney (2014) menciona que la disciplina está en el corazón del discipulado. Esto es validado por 2 Timoteo 1:7, que dice: "Dios no nos ha dado un espíritu de temor, sino de poder y de amor y de una mente sana". Un componente vital de este autocontrol en un seguidor de Jesús es la autodisciplina espiritual, como dijo Pablo en Gálatas 5:22-23.

Whitney (2014) afirma que no se pueden lograr muchas cosas grandes sin disciplina. Muchos profesionales y otras personas se han arruinado porque abandonaron la disciplina y se dejaron llevar por la flojera.

Hull (2006) sostiene que las disciplinas espirituales son una parte necesaria para creer y seguir a Cristo. Whitney (2014) sugiere disciplinarse para encontrar el tiempo para dedicarse a las disciplinas espirituales. Intenta que sea la misma hora todos los días.

White escribe: "Si los hombres soportan la disciplina necesaria, sin quejarse ni desfallecer por el camino, Dios les enseñará hora a hora, y día a día".[59]

Chisholm (2016) afirma que los discípulos no pueden crecer y madurar en la fe a menos que se involucren intencionalmente en las prácticas espirituales y se comprometan firmemente con una congregación de discípulos. La formación de discípulos no puede ocurrir por accidente porque es una disciplina espiritual.

Jesús explica el proceso de hacer discípulos. Tenemos que buscar seriamente ocasiones para compartir el evangelio (Marcos 16:15), bautizar

---

[58] White, Christian Service, p. 41 [versión Kindle Cloud Reader].

[59] White, El deseo de los siglos, p. 131 [versión Kindle Cloud Reader].

a la gente, y entrenarles en cómo obedecer todo lo que Jesús mandó (Mateo 28:19-20).

Whitney (2014) escribe que "para [los discípulos] seguir a Jesús requería disciplina. Tenían que ir donde Él iba y cuando. Seguir a Jesús hoy en día y aprender de Él todavía implica disciplina, porque no se sigue a alguien accidentalmente -al menos no por mucho tiempo- ni se aprende tanto accidentalmente como por disciplina. ¿Eres un seguidor disciplinado de Jesús?"[60]

> La disciplina espiritual debe ser una forma de vida porque el diablo utilizará todas las armas posibles para combatirnos.

La disciplina espiritual debe ser una forma de vida porque el diablo utilizará todas las armas posibles para combatirnos. White escribe: "A menudo, cuando Satanás ha fracasado en excitar la desconfianza, logra llevarnos a la presunción".[61]

Whitney (2014) afirma que la característica esencial de cualquier disciplina espiritual es su objetivo, por lo que tiene poco valor practicar disciplinas espirituales aparte del objetivo único de la piedad.

Lynn (2014) menciona que la razón principal por la que existe una brecha considerable entre lo que los cristianos creen y cómo se comportan es la falta de disciplina espiritual en la vida de los seguidores de Cristo.

White escribe: "Satanás hace todo lo posible para alejar a la gente de Dios; y tiene éxito en su propósito cuando la vida religiosa se ahoga en las

---

[60] Whitney, Spiritual Disciplines for the Christian Life, p. 14.

[61] Ibídem, p. 61.

preocupaciones de los negocios, cuando puede absorber de tal manera sus mentes en los negocios que no se tomarán tiempo para leer sus Biblias, para orar en secreto, y para mantener la ofrenda de alabanza y acción de gracias ardiendo en el altar del sacrificio, mañana y tarde".[62]

En este capítulo, consideraremos las siguientes disciplinas espirituales: lectura y meditación bíblica diaria, oración, ayuno, adoración, mayordomía y evangelización.

Lectura diaria de la Biblia y meditación

Leer la Biblia y meditar es una actividad diaria necesaria para quienes quieren seguir a Jesús.

Whitney (2014) señala una encuesta realizada por el Grupo de Investigación Barna, que reveló estas desalentadoras cifras: entre las personas que dicen ser

> Entre las personas que dicen ser "cristianos nacidos de nuevo", solo el 18% lee la Biblia diariamente.

"cristianos nacidos de nuevo", solo el 18% lee la Biblia diariamente. "Lo peor de todo es que el 23% -casi uno de cada cuatro cristianos profesantes- dice que nunca lee la Palabra de Dios".[63]

En 2 Timoteo 3:16, Pablo escribe: "Toda la Escritura es inspirada por Dios, y es útil para enseñar, para reprender, para corregir, para instruir en

---

[62] White, Testimonios para la Iglesia, vol. 5, p. 426 [versión Kindle Cloud Reader].

[63] Whitney, *Spiritual Disciplines for the Christian Life*, p. 27 [versión Kindle Cloud Reader].

la justicia". Whitney (2014) escribe que ninguna disciplina espiritual es más importante que la ingesta de la Palabra de Dios. Nada puede sustituirla.

Hull (2010) afirma que la Biblia nos ayudará a conocer los caminos y la voluntad de Dios. Los fundamentos de toda disciplina espiritual tienen sus raíces en las Escrituras. Solo la Palabra de Dios puede ayudarnos a crecer espiritualmente.

Brandon Hilgemann (2018) escribe: "Jesús entendía la Biblia mejor que nadie. De niño, asombró a los rabinos en el templo de Jerusalén con sus conocimientos (Lucas 2:46-47). Citó las Escrituras cuando fue tentado en el desierto (Lucas 4:1-13). Y la citó continuamente en sus instrucciones (véase Mateo 5:21; Marcos 10:5-9). Comenzó su ministerio con una lectura pública del libro de Isaías (Lucas 4:16-21). Jesús personifica la Palabra (Juan 1:14)".[64]

Hoy, más que nunca, debemos practicar la disciplina de estudiar y meditar en la Palabra de Dios. El Salmo 119:97 dice: "¡Cómo amo tu ley! Es mi meditación todo el día".

White escribe que toda la fuerza de Jesús es tuya.[65]

> Tu palabra la he escondido en mi corazón, para no pecar contra ti. (Salmo 119: 11)

> Por la palabra de tus labios, me he alejado de los caminos del destructor. (Salmo 17:4 RVR)

---

[64] Brandon Hilgemann (2018). *12 disciplinas espirituales que harán que tu fe sea fuerte.*

[65] White, El deseo de los siglos, p. 59 [versión Kindle Cloud Reader].

White nos dice: "Por la palabra de Dios se dio socorro a la hueste hebrea, y por la misma palabra se le daría a Jesús. Él esperaba el momento de Dios para traer el alivio. Estaba en el desierto en obediencia a Dios, y no obtendría alimento siguiendo las sugerencias de Satanás. En presencia del universo que lo atestiguaba, testificó que es de menor calamidad sufrir lo que pueda suceder que apartarse de cualquier manera de la voluntad de Dios".[66]

> Y te acordarás de que el Señor, tu Dios, te condujo por todo el camino durante estos cuarenta años en el desierto, para humillarte y probarte, a fin de saber lo que había en tu corazón, si guardarías o no sus mandamientos. Por eso te humilló, te permitió pasar hambre y te alimentó con el maná que no conocías ni conocieron tus padres, para hacerte saber que no solo de pan vive el hombre, sino que el hombre vive de toda palabra que sale de la boca del Señor (Deuteronomio 8:2-3 LBLA).

White escribe: "En cada tentación, el arma de la guerra de Dios era la palabra de Dios".[67] Ella añade:

Los seguidores de Jesús no están cumpliendo la mente y la voluntad de Dios si se contentan con permanecer en la ignorancia de su Palabra.

Los seguidores de Jesús no están cumpliendo la mente y la voluntad de Dios si se contentan con permanecer en la ignorancia de su Palabra. Todos deben convertirse en

---

[66] Ibídem, p. 57.

[67] White, The Desire of Ages, p. 56.

estudiantes de la Biblia. Cristo ordenó a sus seguidores: "Escudriñad las Escrituras, porque en ellas creéis tener la vida eterna; y ellas son las que dan testimonio de mí". Pedro nos exhorta: "Pero santificad a Dios el Señor en vuestros corazones, y estad siempre dispuestos a responder con mansedumbre y temor a todo el que os pida razón de la esperanza que hay en vosotros".[68]

White afirma: "Fue por la palabra de Dios que Cristo venció al malvado".[69]

Bullón (2017) escribe que un discípulo necesita conocer y confiar en la Palabra de Dios para hacer otros discípulos. No se trata de un simple conocimiento teórico. Si tengo un título de doctorado y paso la mayor parte de mi tiempo estudiando los misterios divinos y escribiendo sobre ellos, pero no vivo las verdades bíblicas ni influyo en otros para que se conviertan en discípulos, no soy un discípulo. Puedo ser un erudito, pero no soy un discípulo. Un discípulo es aquel que conoce la Biblia y la aplica a la vida diaria y a hacer discípulos a otras personas.

White escribe que la meditación y la oración "evitarán que nos precipitemos sin querer en el camino del peligro, y así nos salvaremos de muchas derrotas".[70]

Debemos leer y meditar en la Biblia todos los días. Muchos versículos de la Biblia muestran la importancia de la lectura y meditación diaria de las Escrituras.

---

[68] White, Testimonios para la Iglesia, vol. 2, pp. 633-634.
[69] White, El deseo de los siglos, p. 135 [versión Kindle Cloud Reader].
[70] White, El deseo de los siglos, p. 61 [versión Kindle Cloud Reader].

Dios da la promesa de éxito a los que leen diariamente las Escrituras y las ponen en práctica. Dijo: "Este libro de la Ley no se apartará de tu boca, sino que meditarás en él de día y de noche, para que guardes y hagas todo lo que en él está escrito. Porque entonces harás próspero tu camino y tendrás buen éxito" (Josué 1:8 RVR).

En el Salmo 1:1-3, leemos:

> Bendito sea el hombre
> Que no camina en el consejo de los impíos,
> Ni se interpone en el camino de los pecadores,
> Ni se sienta en el asiento de los despreciadores;
> Pero su deleite está en la ley del Señor,
> Y en su ley medita día y noche.
> Será como un árbol
> Plantado por los ríos de agua,
> Que da su fruto a su tiempo,
> Cuya hoja tampoco se marchitará;
> Y todo lo que haga prosperará. (RVA)

El Salmo 119:97-101 nos dice:

> ¡Oh, cómo amo tu ley!
> Es mi meditación todo el día.
> Tú, con tus mandamientos, me haces más sabio que mis enemigos;
> Porque siempre están conmigo.
> Tengo más entendimiento que todos mis profesores,
> Porque tus testimonios son mi meditación.
> Entiendo más que los antiguos,
> Porque guardo Tus preceptos.
> He refrenado mis pies de todo mal camino,
> Para que pueda cumplir tu palabra. (RVA)

También es importante memorizar algunos versículos de la Biblia. Whitney (2014) explica: "No hay mejor ilustración de esto que la confrontación de Jesús con Satanás en el solitario desierto de Judea (ver Mateo 4:1-11). Cada vez que el enemigo le lanzaba una tentación a Jesús, él la rechazaba con la espada del Espíritu. Fue el recuerdo de textos específicos de las Escrituras impulsado por el Espíritu lo que ayudó a Jesús a experimentar la victoria. Una de las maneras en que podemos experimentar más victorias espirituales es hacer lo que hizo Jesús: memorizar las Escrituras para que estén dentro de nosotros y el Espíritu Santo las traiga a nuestra memoria cuando las necesitemos".

Un arma contra el fanatismo

White escribe: "En 1844, tuvimos que enfrentarnos al fanatismo por todas partes, pero siempre me llegó la palabra: Una gran ola de excitación es un perjuicio para la obra. Mantengan sus pies en las huellas de Cristo".[71]

Y añade:

> [Al acercarse el fin, el enemigo trabajará con todo su poder para introducir el fanatismo entre nosotros. Se regocijaría de ver a los adventistas del séptimo día llegar a tales extremos que serían tachados por el mundo como un cuerpo de fanáticos. Contra este peligro, se me pide que advierta a los ministros y a los miembros laicos. Nuestra labor es enseñar a los hombres

---

[71] Ellen G. White (1915). Obreros del Evangelio. Washington, D.C.: Review and Herald Pub. Assn, p. 316.

y mujeres a edificar sobre un verdadero fundamento, a plantar sus pies sobre un sencillo "Así dice el Señor".[72]

White afirma: "Satanás es un diligente estudiante de la Biblia. Sabe que su tiempo es corto, y busca en todo momento contrarrestar la obra del Señor en esta tierra".[73]

Oración

Hace algún tiempo, la sobrina de mi mujer estaba embarazada, y un sábado, en el mes de su fecha de parto, fue al médico para una revisión de rutina. El médico le dijo que el bebé no respiraba. Más tarde, descubrieron que el bebé había muerto dentro de ella. El médico la acusó de no prestar atención al movimiento del bebé. La enviaron inmediatamente al hospital para que le hicieran un seguimiento. Permaneció dos días en el hospital y no tuvo ninguna contracción fuerte a pesar de que le pusieron una vía con Pitocina. El domingo, el médico decidió suspender la Pitocina intravenosa y reanudarla el lunes.

A la familia le dijeron que la madre corría el riesgo de contraer una infección porque el bebé llevaba unos tres días muerto en su vientre. La familia estaba en oración, pidiendo a Dios que salvara a la madre y que diera a luz al bebé sin una cesárea.

Mientras algunos miembros de la familia oraban, el domingo por la noche, hacia las once, uno de ellos tuvo una visión y vio a Jesús aterrizar. Puso su pie izquierdo al lado de la cama de la madre. Jesús llevaba una

---

[72] Ibid.

[73] White, *Testimonios para la Iglesia,* vol. 3, lugar 68066 [versión Kindle Cloud Reader].

bata de hospital e intervino. Alrededor de las 11:45, la madre dijo que sentía calor y empezó a tener contracciones. Tuvo fuerzas para empujar y expulsó al bebé muerto sin ayuda humana.

Sí. Hay poder en la oración.

La Biblia nos invita a orar. "Acerquémonos, pues, con confianza al trono de la gracia, para alcanzar misericordia y hallar gracia para el oportuno socorro" (Hebreos 4:16 RVR).

Hilgemann (2018) escribe: "La oración es la forma en que hablamos con Dios. Cuando oramos, Dios nos escucha. Dios es como un Padre asombroso que disfruta dando buenos regalos a sus hijos (Lucas 11:9-13). Debemos perseverar en nuestras oraciones hasta que el Señor responda (Lucas 18:1-8), pero debemos tener fe en nuestra petición para que sea efectiva (Mateo 21:22). "Hilgemann (2018) también afirma que Jesús buscaba frecuentemente alejarse de las multitudes para orar en soledad y tranquilidad (Mateo 14:23; Lucas 5:16, 6:12; Marcos 1:35).[74]

Hoy, al igual que Jesús, deberíamos retirarnos regularmente para pasar un tiempo a solas con Dios en la oración. Eso puede significar tomar un descanso de nuestros dispositivos electrónicos de vez en cuando para escuchar a Dios en lugar de las opiniones humanas.

White afirma:

> El corazón humano anhela la compasión en el sufrimiento. Cristo sintió este anhelo hasta lo más profundo de su ser. En la suprema agonía de su alma, se acercó a sus discípulos con el anhelante deseo de escuchar algunas palabras de consuelo de aquellos a quienes tantas veces había bendecido, consolado y

---

[74] Hilgemann, *12 Spiritual Disciplines That Will Make Your Faith Strong*.

protegido en el dolor y la angustia. Aquel que siempre había tenido palabras de simpatía para ellos estaba ahora sufriendo una agonía sobrehumana, y anhelaba saber que ellos rezaban por Él y por ellos mismos.[75]

Escribe:

> Sería bueno dedicar una hora de reflexión cada día a repasar la vida de Cristo desde el pesebre hasta el Calvario.

Sería bueno dedicar una hora de reflexión cada día a repasar la vida de Cristo desde el pesebre hasta el Calvario. Deberíamos tomarla punto por punto y dejar que la imaginación capte vívidamente cada escena, especialmente las últimas de su vida terrenal. Contemplando así sus enseñanzas y sufrimientos, y el infinito sacrificio que hizo por la redención de la raza, podemos fortalecer nuestra fe, avivar nuestro amor, e imbuirnos más profundamente del espíritu que sostuvo a nuestro Salvador.[76]

Lynn (2014) escribe que las oraciones del apóstol Pablo trataban principalmente de cuestiones espirituales (Efesios 1:16-19, 3:14-19; Filipenses 1:9-11; Colosenses 1:9-12), pero oran específicamente para que los seguidores de Cristo crezcan en piedad. No orar para vivir una vida pacífica, tranquila, piadosa y digna (1 Timoteo 2:1-2) ha dado como resultado oraciones superficiales y cristianos débiles.

---

[75] White, El deseo de los siglos, p. 392 [versión Kindle Cloud Reader].

[76] White, Testimonios para la Iglesia, vol. 4, p. 374 [versión Kindle Cloud Reader].

Hull (2007) afirma que un discípulo debe comprometerse con la oración.

Pedid lo que queráis y se os dará. (Juan 15:7)

Hull (2007) señala: "Un discípulo que permanece en Cristo y entiende su Palabra sabe qué y cómo orar. Sabe qué pedir y cómo conseguirlo. También sabe lo que no debe pedir". El versículo anterior no da carta blanca a los discípulos; debe equilibrarse con muchos otros comentarios sobre la oración. Otros requisitos para que la oración sea contestada son el cumplimiento de los mandamientos (véase 1 Juan 3:22) y el hecho de orar según la voluntad de Dios (véase 1 Juan 5:14-15)".[77]

Continúa:

> El discípulo es una persona de oración informada y autorizada. La comunicación con Dios es la base de la permanencia y la raíz del vivir como discípulo. Dios me habla a través de las Escrituras. Yo le respondo a través de la oración. Conocer a Dios, en algunos aspectos, es como conocer a cualquier persona. Se conversa, se comparte la vida, se intercambian ideas y opiniones. Hablar con Dios es tan vital como que Dios hable con nosotros. El discípulo aprende a hablar con Dios escuchando lo que Dios ya ha dicho. La oración responde a lo que Dios ya ha dicho. Permanecer en Cristo requiere tanto la Palabra de Dios como la oración.[78]

Jesús dice: "Y yo os digo: pedid... buscad... y llamad" (Lucas 11:9 LBLA). La Biblia también nos dice que Jesús "les dijo una parábola en el sentido de que debían orar siempre" (Lucas 18:1 LBLA).

---

[77] Hull, The Disciple-Making Pastor, p. 83 [versión Kindle Cloud Reader].

[78] Ibid.

White escribe:

> A medida que aumenta la actividad y los hombres tienen éxito en la realización de cualquier obra para Dios, existe el peligro de confiar en los planes y métodos humanos. Se tiende a orar menos y a tener menos fe. Al igual que los discípulos, corremos el peligro de perder de vista nuestra dependencia de Dios y tratar de hacer de nuestra actividad un salvador. Tenemos que mirar constantemente a Jesús, dándonos cuenta de que es su poder el que hace la obra. Si bien debemos trabajar arduamente por la salvación de los perdidos, también debemos dedicar tiempo a la meditación, la oración y el estudio de la Palabra de Dios. Solo el trabajo realizado con mucha oración, y santificado por el mérito de Cristo, demostrará, al final, haber sido eficiente para el bien.[79]

Hull menciona: "La oración fue la principal herramienta para reclutar trabajadores para cubrir la mano de obra vacante".[80]

Oración de intercesión

Al considerar la Biblia, podemos ver que todos los grandes hombres y mujeres de Dios eran personas que practicaban la oración de intercesión. Todos tenemos desafíos, pero debemos orar por nosotros mismos, así como por los demás. Aquí también tenemos que seguir a Jesús. Él es un Salvador intercesor. Por lo tanto, el discípulo también practicará la oración de intercesión.

> Por lo tanto, exhorto ante todo a que se hagan súplicas, oraciones, intercesiones y acciones de gracias por todos los

---

[79] White, *El deseo de los siglos*, p. 362 [versión Kindle Cloud Reader].

[80] Hull, *The Disciple-Making Pastor*, p. 180 [versión Kindle Cloud Reader].

hombres, por los reyes y por todos los que están en autoridad, para que llevemos una vida tranquila y apacible en toda piedad y reverencia. Porque esto es bueno y agradable a los ojos de Dios nuestro Salvador. (1 Timoteo 2:1-3 RVR)

Pablo comienza este pensamiento diciendo: "Ante todo". Eso significa que las oraciones por los demás no deben ser las últimas en nuestra lista. Es una prioridad orar por los demás, los que están en la fe y los que no creen en Jesús. Esto es bueno ante Dios.

Bullón (2017) afirma que necesitamos discípulos orantes. Si observamos la vida de la iglesia y de los apóstoles en los siglos I y II, notamos que aprendieron del Maestro. Por supuesto, oraban por sus propias necesidades materiales y espirituales, pero los encontramos más a menudo orando por los demás, incluso por sus despreciados gobernantes. La vida de la iglesia primitiva era una vida de oración constante por los demás. ¿Y cuál fue el resultado? La iglesia creció de forma asombrosa.

S. Joseph Kidder (2015) dice que la oración debe impregnar todos nuestros esfuerzos de evangelización. Haz que tu hábito, tu práctica, sea orar por tus vecinos, familiares, compañeros de trabajo y conocidos de la comunidad.

Bullón (2017) menciona que no tiene sentido correr detrás de las personas si no se comienza con la oración. Ora todos los días por las personas que quieres llevar a Jesús. La oración de intercesión, además de ayudar a la persona por la que oras, es adecuada para ti. Las circunstancias adversas que enfrentó Job cambiaron cuando comenzó a orar por sus amigos.

> Después de que Job oró por sus amigos, el Señor le devolvió
> su fortuna y le dio el doble de lo que tenía antes. (Job 42: 10)

Bullón (2017) escribe sobre el ejemplo de Daniel en Daniel 9, en el que encontramos una oración de intercesión. Si lees la oración completa, notarás que en ningún momento Daniel pide por sí mismo. Su oración es por el pueblo de Israel.

> Ahora, pues, Dios nuestro, escucha la oración de tu siervo y sus súplicas, y por amor al Señor haz brillar tu rostro sobre tu santuario, que está desolado. Oh Dios mío, inclina tu oído y escucha; abre tus ojos y ve nuestras desolaciones, y la ciudad que lleva tu nombre; porque no presentamos nuestras súplicas ante ti por nuestras obras justas, sino por tus grandes misericordias. (Daniel 9:17-18 RVR)

Bullón añade que la conversión es obra del Espíritu Santo. Por lo tanto, ora, ora y ora. No te canses de orar. Aunque parezca que el progreso se te escapa, el Espíritu de Dios está trabajando invisiblemente, y cuando menos lo esperes, te sorprenderá. Bullón (2017) escribe además que es necesario encontrar un compañero de oración, y juntos, orar por sus amigos. Dios responderá desde el cielo, y ellos se convertirán en nuevos discípulos. Jesús enseñó a sus discípulos a trabajar de esta manera. Nadie cumplió la misión por sí solo.

Ayuno

Whitney (2014) escribe sobre el ayuno en estos términos: El ayuno personal se encuentra en Mateo 6:16-18 cuando Jesús dice que debemos ayunar de manera que no sea notado por los demás. Los ayunos corporativos se encuentran en Joel 2:15-16: "Tocad la trompeta en Sión, consagrad un ayuno, convocad una asamblea sagrada; reunid al pueblo".

En el Nuevo Testamento, podemos ver que la congregación de la iglesia en Antioquía ayunaba junta (Hechos 13:1-3). También vemos que la iglesia de Galacia ayunaba:21-23). Esto se hacía "en todas las iglesias" (Hechos 14:23).

White declara: "Cuando Pedro también fue encarcelado, toda la iglesia se dedicó a ayunar y orar".[81]

Según Whitney, "Dios estableció un ayuno regular en el antiguo pacto. Cada año, cada judío debía ayunar en el Día de la Expiación (ver Levítico 16:29-31)".[82] Hoy, Jesús espera que sus seguidores ayunen. Fíjese en las palabras de Jesús al principio de Mateo 6:16: "Sin embargo, cuando ayunen..." Al darnos instrucciones sobre lo que debemos hacer y lo que no debemos hacer cuando ayunamos, Jesús da por sentado que ayunaremos.

Además, no hay nada aquí ni en ninguna otra parte de las Escrituras que indique que ya no es necesario ayunar. Sabemos que los cristianos del libro de los Hechos ayunaban (ver 9:9; 13:2; 14:23). Pablo nos exhorta a orar y a ayunar: "No os privéis unos a otros si no es de común acuerdo por un tiempo, para entregaros al ayuno y a la oración; y volved a juntaros para que Satanás no os tiente a causa de vuestra falta de dominio propio" (1 Corintios 7:5 LBLA). De hecho, Pablo ayunaba mucho: "con cansancio y fatiga, con desvelos a menudo, con hambre y sed, con ayunos a menudo, con frío y desnudez" (2 Corintios 11:27 LBLA).

---

[81] White, Los Hechos de los Apóstoles, p. 144. [versión Kindle Cloud Reader].

[82] Whitney, Spiritual Disciplines for the Christian Life, p. 195.

Whitney escribe:

> En las Escrituras, encontramos ejemplos de ayunos que duraban un día o parte de un día (ver Jueces 20:26; 1 Samuel 7:6; 2 Samuel 1:12, 3:35; Nehemías 9:1; Jeremías 36:6), un ayuno de una noche (ver Daniel 6:18-24), ayunos de tres días (ver Ester 4:16; Hechos 9:9), ayunos de siete días (ver 1 Samuel 31:13; 2 Samuel 12:16-23), un ayuno de catorce días (véase Hechos 27:33-34), un ayuno de veintiún días (véase Daniel 10:3-13), ayunos de cuarenta días (véase Deuteronomio 9:9; 1 Reyes 19:8; Mateo 4:2), y ayunos de duración indeterminada (véase Mateo 9:14; Lucas 2:37; Hechos 13:2, 14:23). En sentido estricto, la abstinencia de una comida con fines espirituales constituye un ayuno. Por lo tanto, la duración de tu ayuno depende de ti y de la dirección del Espíritu Santo.[83]

El ayuno debe tener un objetivo

El ayuno bíblico es mucho más que abstenerse de comer. Sin un propósito espiritual para tu ayuno, es solo un ayuno para perder peso.

Puedes ayunar para fortalecer tu vida de oración, para buscar la guía de Dios, para sanar, para buscar liberación y protección, para superar la tentación o para buscar el crecimiento espiritual.

White hace las siguientes afirmaciones:

> Es necesario ayunar, humillarse y orar por nuestro celo decadente y nuestra espiritualidad languideciente.[84]

---

[83] Whitney, Spiritual Disciplines for the Christian Life, p. 198.

[84] White, Gospel Workers, p. 37.

> Necesitamos humillarnos ante el Señor, con ayuno y oración, y meditar mucho en su palabra, especialmente en las escenas del juicio.

Necesitamos humillarnos ante el Señor, con ayuno y oración, y meditar mucho en su palabra, especialmente en las escenas del juicio. Debemos buscar ahora una experiencia profunda y viva en las cosas de Dios. No tenemos un momento que perder. A nuestro alrededor se están produciendo acontecimientos de vital importancia; estamos en el terreno encantado de Satanás. No durmáis, centinelas de Dios; el enemigo está al acecho, listo en cualquier momento, si os volvéis flojos y somnolientos, para saltar sobre vosotros y haceros su presa.[85]

El verdadero ayuno que debería recomendarse a todos es la abstinencia de toda clase de alimentos estimulantes, y el uso adecuado de alimentos sanos y sencillos, que Dios ha proporcionado en abundancia. Los hombres deben pensar menos en lo que han de comer y beber, en el alimento temporal, y mucho más en el alimento del cielo que dará tono y vitalidad a toda la experiencia religiosa.[86]

Para ciertas cosas, el ayuno y la oración son recomendables y apropiados. En la mano de Dios, son un medio para limpiar el corazón y promover un estado de ánimo receptivo. Obtenemos respuestas a nuestras oraciones porque humillamos nuestras almas ante Dios.[87]

---

[85] Ellen G. White (2018). *El gran conflicto*, p. 601 [versión Kindle Cloud Reader].

[86] Ellen G. White (1896). *Carta 73*.

[87] White, *Carta 73*.

> Hablad menos; se pierde mucho tiempo precioso en una charla que no aporta luz. Que los hermanos se unan en ayuno y oración por la sabiduría que Dios ha prometido suministrar generosamente.[88]

> Para tener éxito en tal conflicto, deben venir a trabajar con un espíritu diferente. Su fe debe ser fortalecida por la oración ferviente y el ayuno, y la humillación del corazón.[89]

> Creo que te has equivocado al ayunar durante dos días. Dios no te lo exigió. Te ruego que seas prudente y comas libremente alimentos buenos y sanos dos veces al día. Seguramente disminuirás tu fuerza y tu mente se desequilibrará a menos que cambies el curso de la dieta abstemia.[90]

Whitney (2014) añade: "El ayuno es cuando tenemos hambre de Dios -de un nuevo encuentro con Dios, de que Dios responda a una oración, de que Dios salve a alguien, de que Dios trabaje con fuerza en nuestra iglesia, de que Dios nos guíe o nos proteja- más que el hambre de la comida que Dios hizo para que viviéramos. Dios reprendió una vez a los judíos, no por no ayunar, sino por ayunar sin un hambre centrada en Dios".

Adoración

La Biblia nos ordena adorar a Dios. El discípulo pone mucho énfasis en su tiempo de adoración. En 1 Crónicas 16:29, leemos: "Dad a Jehová

---

[88] White, *Gospel Workers*, p. 236.

[89] White, *El deseo de los siglos*, p. 431 [versión Kindle Cloud Reader].

[90] Ellen G. White (2018). *Consejos sobre la dieta y los alimentos*, p. 191 [versión Kindle Cloud Reader].

la gloria debida a su nombre; Traed una ofrenda, y venid ante él. Adorad al Señor en la belleza de la santidad". (RVA).

Muchos creyentes han hecho de la palabra "adoración" un sinónimo de canto, pero es mucho más que eso.

Hilgemann escribe: "Ya sea reunidos en la iglesia o solos en nuestras habitaciones, cuando pensamos en la grandeza de Dios, solo hacemos una cosa: adorarle".[91]

Whitney (2014) escribe que también podemos considerar la adoración como una disciplina que debe ser cultivada. Eso ayudará a los discípulos a mantenerse sanos y a crecer.

White afirma: "Alabar a Dios con plenitud y sinceridad de corazón es un deber tan importante como la oración".[92]

Kidder (2015) escribe que, si hay algo que vale la pena hacer bien, es la adoración de nuestro glorioso Dios. Podemos esperar ver cambios en la adoración solo con la oración y la obra del Espíritu Santo. Es mediante la planificación intencional, la práctica y la comunicación que seremos capaces de proporcionar un servicio de adoración que honre a Dios mientras edifica y eleva a los miembros e invitados.

Kevin Brosius (2017) menciona que "En 2 Corintios 3:17-18, Pablo declara que es el Espíritu Santo quien hace la obra transformadora en la vida de los creyentes. Los programas humanos e incluso la estrategia de discipulado no es lo que cambia las vidas -solo Dios puede trabajar en los corazones".

---

[91] Hilgemann, 12 Spiritual Disciplines That Will Make Your Faith Strong.

[92] White, Christian Service, p. 150.

Whitney (2014) pregunta si te comprometerás con la disciplina de la adoración diaria.

> "Si no adoras a Dios los siete días de la semana", dijo A. W. Tozer, "no lo adoras ni un día a la semana". No nos engañemos. La verdadera adoración, como un evento de una vez a la semana, no existe.[93]

Como verdaderos discípulos, no podemos esperar que nuestra adoración vaya como un río en el día de reposo si no adoramos a Dios en casa todos los días.

Whitney (2014) afirma: "Jesús mismo reafirmó y obedeció el mandato del Antiguo Testamento: 'Adorarás al Señor tu Dios, y a él solo servirás'. [Es el deber (y el privilegio) de todas las personas adorar a su Creador. Venid, adoremos y postrémonos", dice el Salmo 95:6, "arrodillémonos ante el Señor, nuestro Hacedor". Dios espera claramente que adoremos. Es nuestro propósito. La piedad sin la adoración de Dios es impensable".[94]

En Apocalipsis 4:8, leemos que hay cuatro criaturas alrededor del trono que adoran a Dios sin cesar:

> Los cuatro seres vivientes, cada uno con seis alas, estaban llenos de ojos alrededor y por dentro. Y no descansan ni de día ni de noche, diciendo:
> "Santo, santo, santo,
> Señor Dios Todopoderoso,
> El que era y es y ha de venir". (NKJV)

---

[93] Whitney, Spiritual Disciplines for the Christian Life, p. 115.

[94] Ibid. p. 102.

Isaías 6:1-4 nos muestra una escena parcial del culto celestial:

El año en que murió el rey Uzías, vi al Señor sentado en un trono, alto y elevado, y la cola de su manto llenaba el templo. Encima de él había serafines; cada uno tenía seis alas: con dos se cubría el rostro, con dos se cubría los pies y con dos volaba. Y uno gritó a otro y dijo

"Santo, santo, santo es el Señor de los ejércitos;

Toda la tierra está llena de su gloria".

Y los postes de la puerta fueron sacudidos por la voz del que gritaba, y la casa se llenó de humo. (RVA)

Hebreos 12:28 nos invita a adorar a Dios aceptablemente "con reverencia y temor piadoso" (RVA). Hawkins, Kinnaman y Matlock (2019) afirman: "Adorar a Dios y experimentar su presencia emerger una y otra vez son prioridades clave para los discípulos resistentes".[95]

Corresponsabilidad

La Biblia dice: "Más bienaventurado es dar que recibir" (Hechos 20:35).

La generosidad es algo más que dar. Es cambiar la forma en que piensas y gestionas tus recursos.

"Hay uno que dispersa, pero aumenta más;

Y hay uno que retiene más de lo que es correcto,

Pero lleva a la pobreza". (Proverbios 11:24 RVR)

Eclesiastés 5:10 advierte contra el amor al dinero porque nunca satisfará. Pero la razón por la que debemos ser generosos es que nada de

---

[95] Aly Hawkins, David Kinnaman y Mark Matlock (2019). *Fe para los exiliados.* Grand Rapids, Mich.: Baker Books, p. 61.

lo que poseemos nos pertenece. Todo lo que tenemos pertenece a Dios (Salmo 24:1). Solo administramos los recursos de Dios.

Jesús enseñó a menudo sobre el dinero y las posesiones. Advirtió: "Mirad y guardaos de la codicia, porque la vida de uno no consiste en la abundancia de los bienes que posee" (Lucas 12:15). Por el contrario, debemos guardar nuestros tesoros en el cielo porque nuestro corazón sigue a nuestro tesoro (Mateo 6:19-21). Si no tenemos cuidado, las preocupaciones de estas riquezas se colarán en nuestras vidas y nos alejarán de Dios.

Por eso, Jesús pregunta: "¿De qué le sirve al hombre ganar el mundo entero, si pierde su alma? ¿O qué dará el hombre a cambio de su alma?" (Mateo 16:26 RVR). En pocas palabras, "No se puede servir a Dios y a las riquezas" (Mateo 6: 24).

El problema no son las riquezas; es nuestra actitud hacia el dinero. Tenemos que aprender a contentarnos, no importa cuánto dinero tengamos (1 Timoteo 6:6). Pablo enseña a los ricos a "ser ricos en buenas obras, listos para dar, dispuestos a compartir" (1 Timoteo 6:17 RVR). Además, el dar debe hacerse con la actitud correcta porque "Dios ama al dador alegre" (2 Corintios 9:7 LBLA).

Hilgemann menciona: "Mientras que la mayoría de los estadounidenses hoy en día gastan más de lo que ganan, los que practican la generosidad deben disciplinarse para vivir con menos. Eso libera más de nuestro tiempo, dinero y posesiones para ser devueltos a Dios".[96]

---

[96] Hilgemann, 12 Spiritual Disciplines That Will Make Your Faith Strong.

White dice:

> Los verdaderamente convertidos están llamados a realizar una obra que requiere dinero y consagración. Las obligaciones que nos obligan a inscribir nuestros nombres en la lista de la iglesia nos hacen responsables de trabajar para Dios hasta el máximo de nuestra capacidad. Él pide un servicio indiviso para la entera devoción del corazón, el alma, la mente y las fuerzas. Cristo nos ha traído a la capacidad de la iglesia para que pueda comprometer y absorber todas nuestras capacidades en el servicio devoto para la salvación de los demás. Todo lo que no sea esto es una oposición al trabajo. Solo hay dos lugares en el universo donde podemos depositar nuestros tesoros: en el almacén de Dios o en el de Satanás. Todo lo que no se dedica al servicio de Dios se cuenta en el lado de Satanás y va a fortalecer su causa.[97]

Todo sacrificio que se haga en su ministerio será recompensado de acuerdo con 'las excesivas riquezas de su gracia'

White escribe: "Todo sacrificio que se haga en su ministerio será recompensado de acuerdo con 'las excesivas riquezas de su gracia' (Efesios 2: 7 RVR)".[98]

White dice: "El uso de la barca de Pedro para la obra del evangelio fue ricamente recompensado. Aquel que es 'rico para todos los que lo invocan'

---

[97] White, Testimonios para la Iglesia, vol. 6, p. 447.

[98] White, El deseo de los siglos, p. 130 [versión Kindle Cloud Reader].

ha dicho: 'Dad, y se os dará; medida buena, apretada, remecida y rebosante' (Romanos 10:12; Lucas 6:38).[99] Escribe:

> No hay nada, excepto el corazón egoísta del hombre, que viva para sí mismo.

Incluso ahora, todas las cosas creadas declaran la gloria de su excelencia. No hay nada, excepto el corazón egoísta del hombre, que viva para sí mismo. Ningún pájaro surca el aire, ningún animal se mueve sobre la tierra si no es para servir a otra vida. No hay hoja del bosque o brizna de hierba que no tenga su ministerio. Cada árbol y arbusto y hoja vierte ese elemento de vida sin el cual ni el hombre ni el animal podrían vivir, y el hombre y el animal, a su vez, ministran a la vida del árbol y del arbusto y de la hoja.[100]

White añade: "La llamada a poner todo en el altar del servicio llega a cada uno".[101]

En Efesios 5:15-16, Pablo dijo: "Mirad, pues, con prudencia, no como necios, sino como sabios, aprovechando el tiempo, porque los días son malos". Es posible que Pablo haya exhortado a los cristianos de Éfeso a aprovechar el tiempo porque él y/o los efesios estaban sufriendo persecución u oposición (como en Hechos 19:23-20:1). En cualquier caso, nosotros también necesitamos aprovechar sabiamente cada momento porque "los días son malos" todavía.

---

[99] White, El deseo de los siglos, p. 130 [versión Kindle Cloud Reader].

[100] Ibídem, p. 3.

[101] White, Christian Service, p. 74.

También tenemos que entender el uso disciplinado del dinero. Dios es dueño de todo lo que posees. En 1 Corintios 10:26, Pablo citó el Salmo 24:1, que dice: "Del Señor es la tierra y toda su plenitud, el mundo y los que en él habitan". Dios es dueño de todo, incluyendo todo lo que posees, porque Él creó todo. "Toda la tierra es mía", dijo el Señor en Éxodo 19: 5 (RVA). Lo declaró de nuevo en Job 41:11: "Todo lo que hay debajo del cielo es mío".

Pablo dijo: "Si alguien no mantiene a los suyos, y especialmente a los de su casa, ha negado la fe y es peor que un incrédulo" (1 Timoteo 5: 8).

Whitney escribe: "No somos dueños de nada. Dios es dueño de todo, y nosotros somos sus administradores. Para la mayoría de nosotros, la casa que ahora llamamos 'mi casa' fue llamada 'mi casa' por otra persona hace unos años. Y dentro de unos años, otra persona la llamará 'mi casa'".[102]

Dar es un acto de adoración. En Filipenses 4:18, el apóstol Pablo agradeció a los cristianos de la ciudad griega de Filipos el donativo económico que le dieron para apoyar su ministerio misionero; escribió: "En efecto, lo tengo todo y me sobra. Estoy lleno, habiendo recibido de Epafrodito las cosas enviadas por ustedes, un aroma dulce, un sacrificio aceptable, agradable a Dios" (RVA).

Dios dijo en Deuteronomio 16:16: "No se presentarán ante el Señor con las manos vacías". Whitney escribe que "Dar debe ser sacrificado y generoso. La viuda, a la que Jesús elogió, ilustra el hecho de que dar a Dios no es solo para aquellos que, como diría el mundo, pueden "permitírselo". El apóstol Pablo dio otra ilustración de este tipo en 2 Corintios 8:1-5

---

[102] Whitney, Spiritual Disciplines for the Christian Life, p. 160.

cuando contó cómo los cristianos pobres de Macedonia se sacrificaron para dar generosamente". [103]

Dar refleja la confianza espiritual. Jesús reveló esta sorprendente visión de los caminos del reino de Dios en Lucas 16:10-13 cuando dijo que debemos dar de buena gana, con gratitud y con alegría.

El dar debe ser planificado y sistemático. Observa cómo el apóstol Pablo dirige a los cristianos a dar: "En cuanto a la colecta para los santos, como lo he ordenado a las iglesias de Galacia, así también deben hacerlo ustedes: El primer día de la semana, cada uno de vosotros ponga algo aparte, almacenando como pueda prosperar, para que no haya colectas cuando yo llegue" (1 Corintios 16:1-2 RVR). Esta "colecta para los santos" era una ofrenda especial para los cristianos pobres que sufrían en Jerusalén a causa del hambre.

Evangelización y testificación

Hacer discípulos es la piedra angular de la iglesia. En Hechos 5:42, Lucas escribió: "Y cada día, en el templo y en todas las casas, no cesaban de enseñar y predicar a Jesús como el Cristo". Los primeros discípulos se comprometían diariamente a hablar de Jesús, a compartir el evangelio y a enseñar a otros cómo seguir a Jesús. Era una disciplina diaria. Hablar de Jesús cada día es el deber de todo discípulo. No es solo el trabajo de algunos religiosos.

Podemos evangelizar según nuestros talentos. Cada discípulo ha recibido del Señor uno o muchos talentos. En Mateo 25:14-29, Jesús

---

[103] Ibid. , p. 174.

espera que cada uno de sus discípulos haga algo para hacer avanzar su reino, porque un día, daremos cuenta a Dios.

Algunos pueden evangelizar fácilmente a través de Internet. Internet ha cambiado el comportamiento humano en todo el mundo. Haigh, Russell y Dutton (2015) remontan el inicio de internet a la década de 1960, con la creación de ARPANET. En la década de 1990, la Institucionalización de la Gobernanza de Internet estableció políticas básicas para guiar el progreso del campo.[104,105] Las estadísticas indican que más de 3.800 millones de personas utilizan Internet. En este mundo digital, las innovaciones tecnológicas están cambiando todo en nuestra cultura y, según la ley de Moore, no hay vuelta atrás.[106] Las herramientas digitales de internet pueden ser un poderoso medio para crear discípulos.

Los medios de comunicación social pueden ser utilizados de una manera muy eficaz para difundir la Palabra. Cuando se controlan bien, Facebook, Twitter, LinkedIn, WhatsApp, Instagram, Tumblr, Tik Tok, etc., pueden ser herramientas poderosas para hacer discípulos. Hoy en día, las oportunidades son infinitas. El uso de podcasts puede ser fenomenal como medio para tocar a la gente para Cristo también.

Sin embargo, Internet nunca sustituirá el toque personal. Debemos hablar con la gente sobre lo que Jesús ha hecho en nuestras vidas

---

[104] Thomas Haigh, Andrew L. Russell y William H. Dutton (2015). Historias de Internet: Introducing a Special Issue of Information & Culture, 50(2), 143-159.

[105] Jean-Marie Chenou (2014). Del ciberlibertario al neoliberalismo: el excepcionalismo de Internet, el multisectorialismo y la institucionalización de la gobernanza de Internet en la década de 1990. Globalizations, 11(2), 205-223.

[106] Rogier Wester y John Koster (2015). El software detrás de la Ley de Moore. Computer, 46(10), 66-72.

personales. Nadie puede negar nuestra experiencia personal con Jesús, y cada discípulo tiene una historia única que contar a los demás sobre Jesús.

En el artículo "El arte de la persuasión no ha cambiado en 2.000 años", Carmine Gallo presenta cinco recursos retóricos que pueden ayudarnos cuando compartimos nuestra historia. Aristóteles los identificó hace dos mil años, y los maestros de la persuasión siguen utilizándolos hoy en día: (1) ethos o carácter, (2) logos o razón, (3) pathos o emoción, (4) metáfora y (5) brevedad.[107]

Conclusión

Puede ser difícil practicar las disciplinas espirituales de las que hemos hablado en este capítulo, pero si le pides a Dios que te ayude, Él te dará su Espíritu para guiarte. Después de un tiempo, formarás nuevos hábitos espirituales. Estas disciplinas espirituales te ayudarán en tu caminar con Dios.

Aplicación personal

Hoy me doy cuenta de por qué mi vida espiritual era tan débil. Le pido a Dios que perdone mi negligencia espiritual. Quiero seguir a Jesús en sus disciplinas espirituales. Quiero ser más serio sobre la vida eterna. Quiero tomar tiempo para leer y meditar en la Biblia diariamente. Quiero apartar ciertos días para ayunar.

---

[107] Carmine Gallo (2019). "El arte de la persuasión no ha cambiado en 2.000 años", Harvard Business Review.

Oraciones sugeridas

1. Jesús, por tu gracia, ayúdame a practicar las disciplinas espirituales para que pueda seguir siendo un discípulo fiel.

2. Oh Dios, no permitas que caiga en el formalismo o el legalismo cuando practique las disciplinas espirituales. Permíteme ser verdadero y sincero en mi vida espiritual.

3. Jesús, ayúdame a perseverar en la práctica de las disciplinas espirituales, como lo hiciste hasta la cruz.

CAPITULO 5

❖❖❖

ELEGIDO PARA DESARROLLAR UNA ESTRATEGIA DE DISCIPULADO

"Jesús derramó su vida en unos pocos discípulos y les enseñó a hacer otros discípulos. Diecisiete veces encontramos a Jesús con las masas, pero cuarenta y seis veces lo vemos con sus discípulos".

—Dann Spader

Mientras escribía este libro, tuve una experiencia que nunca antes había tenido. Una noche, tuve un sueño. Vi el rostro de Jesús en un marco de fotos. Cuanto más lo miraba, más veía la gloria en su rostro. Unos segundos después, apareció el siguiente texto: "'No por la fuerza ni por el poder, sino por mi Espíritu', dice el Señor de los ejércitos" (Zacarías 4:6 RVR). Este sueño impactó fuertemente mi vida. No hay palabras humanas que puedan expresar lo que siento. Esta experiencia cambió profundamente mi perspectiva sobre el texto de Zacarías. Experimenté lo amoroso y misericordioso que es Jesús. Incluso cuando no lo merecemos, Él nos muestra su gracia y su misericordia. Me di cuenta de que, independientemente de las circunstancias que enfrente en la vida, la solución vendrá a través del Espíritu Santo.

El discipulado tiene que ver con Jesús. Ser discípulo es mirar continuamente a Jesús. Todo es posible, solo a través del Espíritu Santo.

Los pastores y los líderes de las iglesias locales están muy ocupados. Puede ser difícil para ellos mantenerse enfocados en su misión principal de hacer discípulos. Es fácil que pierdan el enfoque en medio de tantos desafíos, demandas y programas. Por eso necesitan salir de sus regímenes de vez en cuando para evaluar sus ministerios y escuchar al Señor, para dirigir la iglesia a la manera de Dios a través del Espíritu Santo. Dios anhela revelarse más y más a cada uno de sus hijos. Los líderes espirituales son los instrumentos de Dios para acercar a su pueblo a Él en una relación inquebrantable.

El pastor Dave E. Cole escribe:

> Recomiendo a los líderes que hagan un retiro espiritual cada año para alejarse de todas las voces y aprender a escuchar la voz de Jesús. Los pastores o los líderes de las iglesias locales tendrán dificultades para escuchar la voz de Jesús a menos que periódicamente se desenchufen de todos sus aparatos eléctricos y se alejen solo de Jesús y de su Palabra. Muchas voces bombardean diariamente a los líderes, tratando de comprar su tiempo y su atención. La voz de Jesús está enfocada hacia el exterior. Como un pastor, Él no está satisfecho hasta que todas sus ovejas sean salvadas.[108]

---

[108] Dave E. Cole (2018). Re-Focus: Creating an Outward-Focused Church Culture , ubicación 1643 [versión Kindle Cloud Reader].

Bullón escribe que "el trabajo principal del ministro no es llevar a la gente a Cristo. Ese trabajo, en el plan de Dios, debe ser realizado por cada creyente".[109]

White declara:

> Al trabajar donde ya hay algunos en la fe, el ministro debe, al principio, no tratar de convertir a los incrédulos, sino de capacitar a los miembros de la iglesia para una cooperación aceptable. Que trabaje por ellos individualmente, procurando despertarlos para que ellos mismos busquen una experiencia más profunda. Cuando estén preparados para sostener al ministro con sus oraciones y trabajos, sus esfuerzos tendrán mayor éxito.[110]

White declara: "La predicación es una pequeña parte de la obra que debe realizarse para la salvación de las almas. El Espíritu de Dios convence a los pecadores de la verdad y los pone en los brazos de la iglesia. Los ministros pueden hacer su parte, pero nunca pueden realizar la obra que debe hacer la iglesia".[111]

También escribe:

> Dondequiera que se establezca una iglesia, todos los miembros deben participar activamente en la obra misionera. Deben visitar a cada familia del vecindario y conocer su condición

---

[109] Alejandro Bullón (2017). *Total Member Involvement*, p. 23 [versión Kindle Cloud Reader].

[110] White, *Gospel Workers*, p. 196.

[111] White, *Testimonios para la Iglesia*, vol. 4, p. 69.

espiritual".[112] Añade: "El verdadero carácter de la iglesia se mide, no por la alta profesión que hace, no por los nombres inscritos en el libro de la iglesia, sino por lo que está haciendo para el Maestro, por el número de sus obreros perseverantes y fieles. El interés personal y el esfuerzo individual vigilante lograrán más para la causa de Cristo que lo que pueden lograr los sermones o los credos.[113]

Onyinah (2017) escribe sobre el ciclo de la Gran Comisión en Mateo 28:19-20, describiendo los componentes críticos del ciclo de discipulado para cada congregación. El proceso comienza con los discípulos ganando la atención de otros a Cristo, bautizándolos (integrándolos en la iglesia local), y enseñándoles a obedecer los mandamientos de Cristo.

White declara: "Es un error fatal suponer que la obra de salvar almas depende solo del ministerio".[114]Añade: "Lo que se necesita es capacitación, educación. Los que trabajan en la visita a las iglesias deben instruir a los hermanos y hermanas en los métodos prácticos de la obra misionera".[115]

Ella escribe: "No debería haber ningún retraso en este esfuerzo bien planificado para educar a los miembros de la iglesia".[116] Ella menciona que "Hay necesidad de Nehemías en la iglesia hoy en día, -no hombres que puedan orar y predicar solamente, sino hombres cuyas oraciones y sermones estén reforzados con un propósito firme y ansioso".[117]

---

[112] White, *Testimonios para la Iglesia,* vol. 6, p. 296.

[113] White, Christian Service, p. 12.

[114] White, Christian Service, p. 49.

[115] White, Testimonios para la Iglesia, vol. 9, p. 117.

[116] Ibídem, p. 119.

[117] White, Christian Service, pp. 124-125.

Escribe además que "Dios espera que su iglesia discipline y capacite a sus miembros para la obra de iluminar al mundo".[118] Dice: "La mayor ayuda que se puede dar a nuestro pueblo es enseñarle a trabajar para Dios, y a depender de Él, no de los ministros".[119]

Añade: "Es mediante la educación y la práctica que las personas han de estar capacitadas para hacer frente a cualquier emergencia que pueda surgir, y es necesaria una sabia planificación para situar a cada uno en su esfera adecuada, para que pueda obtener una experiencia que le capacite para asumir la responsabilidad".[120]

White también escribe: "La mejor ayuda que los ministros pueden dar a los miembros de nuestras iglesias no es sermonear, sino planificar el trabajo para ellos".[121] Ella dice: "El Señor desea que obtengamos toda la educación posible, con el objeto de impartir nuestros conocimientos a los demás"[122] y afirma: "En proporción al entusiasmo y la perseverancia con que se lleve adelante la obra, se dará el éxito".[123]

Todos sabemos que debemos liderar con el ejemplo. Si el pastor o el líder de la iglesia no está adecuadamente entrenado como discípulo de Jesús o no cree en el discipulado, será difícil para la iglesia sobresalir en el discipulado y seguir las órdenes de Jesús. El río no puede subir por encima de su fuente.

---

[118] Ibídem, p. 41.

[119] White, Testimonios para la Iglesia, vol. 7, p. 19.

[120] White, Testimonios para la Iglesia, vol. 9, p. 221.

[121] White, Christian Service, p. 49.

[122] Ibídem, p. 44.

[123] Ellen G. White, Profetas y Reyes, p. 263.

Hull (2007) escribe que la mayoría de los planes no tienen éxito porque el pastor no está capacitado como discípulo. ¿Cómo puede alguien motivar a la gente a hacer discípulos sin practicar las mismas cosas que defiende?

> Los pastores y los líderes de las iglesias locales están llamados a alcanzar a todas las.generaciones.

Los pastores y los líderes de las iglesias locales están llamados a alcanzar a todas las generaciones. La Gran Comisión es para todas las naciones. Todas las generaciones están incluidas en "todas las naciones", así que debemos hacer planes para alcanzar a todas las generaciones en nuestras iglesias locales: Baby Boomers (1946-1964), Generación X (1965-1976), Millennials (1977-1995), Generación Z o iGeneration (1996-2014), y Generación Alpha (los hijos de los Millennials).

Hull hace referencia al investigador George Barna, quien, después de estudiar los cinco mejores modelos de discipulado, llegó a la siguiente conclusión sobre cómo una iglesia puede tener éxito en el discipulado. Para que la iglesia avance, debe volver a hacer discípulos. Así es como se vería eso:

- El pastor principal es un defensor incondicional del discipulado.
- Los miembros de la iglesia participan en un proceso de discipulado centrado y exigente.
- Todos los ministerios están íntimamente ligados a los resultados del discipulado.

- El número de programas se reduce al mínimo para que la iglesia se centre en el discipulado.

- Toda la enseñanza de la iglesia está coordinada de forma sustantiva.

- La declaración de la misión de la iglesia sirve como herramienta práctica para identificar los resultados del ministerio.[124]

La iglesia debe tener un programa de ciclo de discipulado. Hull (2007) escribe que una iglesia podría construir un plan de discipulado identificando cómo el individuo crecerá en cinco áreas específicas: (1) conocimiento bíblico, (2) habilidades ministeriales prácticas, (3) alcance, (4) oración y (5) responsabilidad. La iglesia puede llevar a cabo un programa de discipulado durante un ciclo de seis meses, dividido en seis módulos por año, o un ciclo de uno o tres años dividido en tres o seis módulos por año.

En nuestras mentes, ya debemos anticipar el resultado: planeamos hacer crecer a los discípulos. También en este caso, es el momento de seguir a Jesús. Eims y Coleman (2009) explican que Jesús no buscaba fascinar a la multitud, sino construir un reino. Eso implica que Él quería personas que pudieran guiar a las multitudes.

Bullón (2017) escribe que el ideal de Dios para su iglesia es una iglesia gloriosa, sin arruga y sin mancha, como una novia vestida de blanco, esperando a su novio: una iglesia auténtica, sin formalidades, no meramente preocupada por las apariencias.

---

[124] Hull, The Complete Book of Discipleship, pp. 307-308.

Obedecedles no solo para ganar su favor cuando su mirada está en vosotros, sino como esclavos de Cristo, haciendo la voluntad de Dios de corazón. Sirvan de todo corazón, como si estuvieran sirviendo al Señor, no a las personas. (Efesios 6:6-7)

Pero, ¿qué quiere decir Pablo cuando se refiere a una iglesia gloriosa? Obviamente, es gloriosa porque refleja la gloria de Dios.

White menciona que "el Señor quiere que hagamos el mejor y más alto uso posible de los talentos que nos ha dado".[125]

Hull (2007) sostiene que hacer un discípulo tiene tres componentes. El primero es la liberación, que se logra mediante la evangelización cuando una persona se convierte y se bautiza. El segundo es el desarrollo -lo que la mayoría de la gente llama discipulado o crecimiento personal-, en el que la persona se afianza en la fe. Es un proceso continuo y permanente, esencial para el cuidado del alma. El tercer componente es el despliegue; en ese momento, el discípulo arraigado es designado para una misión en su comunidad. Una iglesia, un pastor o un líder de la iglesia que se dedique a hacer discípulos debe concentrarse en este proceso como primera prioridad.

Hull escribe:

Mi consejo a todos los pastores es simplemente que reorganicen su vida en torno a las prácticas de Jesús. Mira su vida llena de la presión de la multitud, el odio de los líderes religiosos, y la torpeza de sus discípulos. ¿Cómo lo manejó? Oraba a solas, y oraba en momentos especiales de presión y decisión. Vivió una vida centrada en los demás, una vida

---

[125] White, *Christian Service*, p. 62.

basada en la humildad y el sacrificio impulsados por el amor.[126]

Hull (2007) sostiene que la dificultad para los pastores es ser primero un discípulo, buscando a Dios cada día y practicando las disciplinas espirituales que Él preconiza. Sin embargo, eso es cada vez más difícil de hacer. Y añade: "La iglesia está para formar a los santos. Una vez equipados, se convierten en discípulos sanos que penetrarán en todos los segmentos de la sociedad tanto con las palabras como con las obras del evangelio".

Evangelización o discipulado

Hull (2010) afirma que debido a que la tarea pastoral es multidimensional y multinivel, la responsabilidad del pastor formador de discípulos es gestionar varios niveles de desarrollo de las personas.

Babcock (2002) menciona que, para producir una iglesia formadora de discípulos, debemos dar un enfoque particular al ministerio de todos los nuevos creyentes. En consecuencia, en la mayoría de los grupos pequeños, debe haber un programa adecuado de grupos pequeños para fomentar el ministerio de uno a uno.

En este trabajo de discipulado, si seguimos la voz de Jesús, no hay fracaso.

White declara: "Los obreros de Cristo nunca deben pensar, y mucho menos hablar, de fracaso en su trabajo. El Señor Jesús es nuestra eficiencia en todas las cosas; su Espíritu ha de ser nuestra inspiración, y al ponernos

---

[126] Hull, The Disciple-Making Pastor, p. 16. [Versión Kindle Cloud Reader].

en sus manos para ser canales de luz, nuestros medios para hacer el bien nunca se agotarán".[127]

Petrie et al., en el artículo "Developing a Discipleship Measurement Tool", presentan al menos tres herramientas esenciales para el discipulado:

1. La prueba de evaluación del discipulado de Summit Point (Styron 2004:58) sugiere siete áreas clave de crecimiento que pueden medirse: la disposición a seguir y obedecer a Cristo, la identificación con Cristo, la disposición a crecer y aprender, la entrega total, la relación continua con Cristo, el crecimiento en el carácter semejante a Cristo y la evangelización, y la victoria sobre el pecado.

2. El marco de trabajo y la herramienta de evaluación en línea, Together Growing Fruitful Disciples (TGFD), es el resultado de una iniciativa de colaboración entre la Conferencia General de los Adventistas del Séptimo Día y la Universidad Andrews. Contiene cuatro pilares centrales: conectar (con Dios, con uno mismo, con la familia, con la iglesia y con los demás); comprender (crecimiento espiritual, naturaleza de Dios, pecado y sufrimiento, redención y restauración); equipar (ser discipulado y discipular a otros en la conexión de la comprensión y el ministerio); y ministrar (vocación personal, amistades, servicio a la comunidad, mayordomía, evangelización).

3. La Herramienta de Evaluación del Perfil de Vida Cristiana (Frazee 2005:6) es un kit de discipulado diseñado para

---

[127] White, Gospel Workers, p. 19.

permitir a las iglesias evaluar las creencias, prácticas y actitudes dentro de treinta competencias clave.[128]

1. Evaluar el estado de discipulado de tu iglesia

El pastor o líder de la iglesia local debe hacer una evaluación del estado del discipulado en su iglesia. Brown (2012) menciona, "Hay un agujero notable entre donde la iglesia está y donde se supone que debe estar. Interpretar este déficit es un paso crucial que no se puede pasar por alto. Si la iglesia no reconoce o abraza la realidad del problema, lo más probable es que la transformación no ocurra".

Wegner y Magruder (2012) escriben que cada creyente debe ser un seguidor de Jesús que se reproduce, y cada iglesia debe ser una iglesia que se reproduce. Si entendemos que la reproducción es la voluntad de Dios para todos nosotros, entonces desarrollaremos nuestros sistemas en consecuencia.

> Cada iglesia debería ser una escuela de formación para los obreros cristianos.

White declara: "Cada iglesia debería ser una escuela de formación para los obreros cristianos. A sus miembros se les debe enseñar cómo dar lecturas bíblicas, cómo dirigir y enseñar clases de escuela sabática, cómo ayudar mejor a los pobres y cuidar a los enfermos, y cómo trabajar por los inconversos".[129]

---

[128] Petrie et al. (2016). "Desarrollo de una herramienta de medición del discipulado", Journal of Adventist Mission Studies, 12(2).

[129] White, *Christian Service*, p. 42.

2. Ser intencional

Hacer discípulos es un asunto serio en la iglesia de Dios. Debemos ser intencionales en este sentido. No podemos hacerlo por accidente o circunstancialmente.

Hélène Thomas lo explica:

> Después del bautismo, el nuevo converso penetra en la membresía regular de la iglesia, y el entusiasmo gastado en el nuevo converso suele terminar abruptamente. Los nuevos miembros a menudo son dejados para navegar por la nueva vida por sí mismos. El resultado es que no se hacen muchos amigos en la iglesia, no se desarrollan hábitos espirituales vitales, y la reincidencia es común.

> Sin un proceso intencional de discipulado, incluso los nuevos miembros que continúan asistiendo a los servicios de la iglesia a menudo desarrollan un hábito complaciente de hacer poco más que calentar el banco cada semana.

Lamentablemente, muchos miembros nuevos acaban abandonando la iglesia, saliendo por la proverbial puerta de atrás sin previo aviso. Sin un proceso intencional de discipulado, incluso los nuevos miembros que continúan asistiendo a los servicios de la iglesia a menudo desarrollan un hábito complaciente de hacer poco más que calentar el banco cada semana.[130]

Hull (2010) escribe: "La primera iglesia tenía la estrategia intencional de hacer discípulos, como se describe en Hechos 2:42-47. Guiados por Hechos 1:8, los doce apóstoles deben haber planeado enviar muchos discípulos. Una congregación reproductiva dio lugar a creyentes que reprodujeron las mismas prácticas dondequiera que fueran. Comenzarían iglesias mediante la predicación y organizarían a los convertidos en pequeños grupos". Y añade: "Las características de la formación de discípulos son un ministerio intencional, medible y claramente comunicado. ... Muchas fuerzas militan en contra de la formación de discípulos. En teoría, la formación de discípulos es popular porque promete un producto de calidad que honra a Dios. En la práctica, sin embargo, requiere tiempo, dedicación y paciencia que los pastores que viven en la cultura americana encuentran difícil".

Onyinah (2017) menciona que los discípulos tienen que crear una amistad intencional para llevar a la persona a lo que desean que sea un discípulo. Por lo tanto, la amistad es fundamental en la formación de discípulos.

---

[130] Helene Thomas, ed. (2015). Guía del Mentor: Un recurso complementario al Manual de Discipulado. Michigan: The Training Center Church Committee of the Michigan Conference of Seventh-day Adventists), lugar 40 [versión Kindle Cloud Reader].

> El método que Jesús utilizó para formar discípulos fue un discipulado relacional intencional.

Harrington (2017) declara que el método que Jesús utilizó para formar discípulos fue un discipulado relacional intencional. Muchos líderes de la iglesia no son intencionales en la creación del discipulado en sus iglesias. Chisholm (2016) afirma que, por desgracia, el proceso de discipulado en muchas iglesias es informal y no intencional.

Thomas afirma que aquellos que se toman en serio el cumplimiento del mandato de "Id... y haced discípulos" (Mateo 28:19 RVR) no pueden pensar que su trabajo ha terminado después del bautismo: "Los nuevos miembros necesitan ser intencionalmente asesorados hasta que formen hábitos saludables de oración, estudio bíblico, adoración familiar y asistencia regular a la escuela sabática, a la iglesia y a las reuniones de oración. Necesitan ser intencionadamente acompañados por varios miembros de la iglesia. Necesitan instrucción continua para desarrollar un amor y una comprensión aún más profundos del mensaje adventista del séptimo día. Como miembros de la iglesia remanente, necesitan ser entrenados para compartir la verdad con otros a través del testimonio personal".[131]

Hull (2007) escribe: "La base de la obediencia es el esfuerzo intencional para definir a un discípulo, y luego producir discípulos a través de varios vehículos de la iglesia".[132]

---

[131] Thomas, Guía del Mentor, ubicación 40 [versión Kindle Cloud Reader].

[132] Hull, The Disciple-Making Pastor, p. 71 [versión Kindle Cloud Reader].

3. Tener una visión de multiplicación, no de suma

Hull (2007) afirma que uno de los fundamentos de la obediencia es el compromiso con la multiplicación. La evidencia de tal compromiso puede verse en la selección de aquellos con capacidad de liderazgo para ser formados como hacedores de discípulos. Dice: "Los buenos líderes saben cómo enmarcar un tema. Fíjate en cómo Jesús enmarcó la necesidad de multiplicar el ministerio. La compasión por las necesidades insatisfechas era el motivo principal. ... El objetivo de la multiplicación era extender el amor y el cuidado de Dios sobre una base más amplia a través de una fuerza de trabajo más amplia. La oración era la herramienta principal para reclutar trabajadores que llenaran la fuerza de trabajo vacante".[133]

Hull (2007) declara: "El cumplimiento exitoso de la Gran Comisión depende de la multiplicación. Hacer discípulos resulta en la reproducción; el resultado de la reproducción entre varias personas es la multiplicación. Jesús enunció la Gran Comisión de la manera en que lo hizo porque 'hacer discípulos de todas las naciones' significa mucho más que 'hacer conversos de todas las naciones'. Solo los discípulos sanos se reproducen. Si la iglesia no hace discípulos, no se multiplica. Si la iglesia no se multiplica, fracasa".[134]

Hull añade: "En las dos primeras giras misioneras de Pablo, plantó más de quince iglesias. ... La primera gira de Pablo duró dos años e incluyó ocho ciudades. Lucas cubre la misión en ochenta versos (Hechos 13:1-14:28). Para la iglesia primitiva, este paso fue la multiplicación, y para

---

[133] Ibid. , p. 180.

[134] Hull, The Disciple-Making Pastor, p. 168

Antioquía, la reproducción. Para Pablo y Bernabé, fue una labor formativa: tuvieron que tantear el terreno y contextualizar creativamente sus principios".[135]

> Entonces les dijo: "La mies es verdaderamente grande, pero los obreros son pocos; por tanto, rogad al Señor de la mies que envíe obreros a su mies" (Lucas 10:2 RVR).

Hull (2007) también habla de la oración y la multiplicación: "Podemos sentirnos perplejos por el efecto multiplicador de la iglesia. Karl Barth escribe: 'La perplejidad nos llega simplemente porque somos ministros'. ' Jesús expresó una solución sencilla: orar para que entren obreros en la mies".[136]

White afirma: "Si nos humillásemos ante Dios, y fuésemos amables y corteses y de corazón tierno y compasivo, habría cien conversiones a la verdad donde ahora solo hay una".[137]

4. Establecer un sistema de discipulado para la iglesia

> En este siglo XXI, dondequiera que vayamos, vemos un sistema para sostener el crecimiento de cualquier organización.

En este siglo XXI, dondequiera que vayamos, vemos un sistema para sostener el crecimiento de cualquier organización. ¿Por qué hay una falta de sistemas para el discipulado

---

[135] Ibídem, p. 111.

[136] Ibid. , p. 179.

[137] White, *Testimonios para la Iglesia*, vol. 9, p. 189.

dentro de las iglesias? Lynn (2014) sostiene que, sin un sistema, el discipulado no puede ser implementado con éxito en cualquier iglesia.

Sobre esta cuestión, Seifert (2013) señala un problema de gestión dentro de nuestras iglesias. El problema, dice, es que los sistemas de la iglesia no han permitido a los seguidores de Jesús reproducirse y multiplicarse. Añade que mientras las iglesias pueden sobresalir en programas y ministerios, estos programas y ministerios no están haciendo discípulos de Jesucristo.[138]

Hull (2010) menciona que "el discipulado significa gestionar un sistema en el que tienen lugar la enseñanza, la formación, la evangelización y la atención pastoral. Involucra el trabajo multidimensional del equipo de liderazgo al entrenar a la congregación de diversas maneras".[139]

Pero si tuviéramos un sistema para que los nuevos conversos se convirtieran en discípulos, veríamos la diferencia. Crecerían. White dice: "Los cristianos que crecen constantemente en seriedad, en celo, en fervor, en amor, esos cristianos nunca reinciden".[140]

---

[138] Lynn, *Making Disciples of Jesus Christ,* p. 48.

[139] Hull, The Disciple-Making Church, p. 40. [Versión Kindle Cloud Reader].

[140] White, Christian Service, p. 76.

Afirma Hull (2010):

> La iglesia tiene la responsabilidad de proporcionar la visión clara y los vehículos que llevan a los cristianos a un discipulado maduro.

La iglesia tiene la responsabilidad de proporcionar la visión clara y los vehículos que llevan a los cristianos a un discipulado maduro. El crecimiento y la responsabilidad deben ser parte de la vida de cada cristiano, durante toda su vida; la necesidad de estos no termina hasta que uno es trasladado al cielo. La clave para el discipulado centrado en la iglesia es el trabajo en equipo en un ambiente de amor que mantiene los distintivos de la misión, la formación en habilidades ministeriales y la responsabilidad. La verdadera evidencia del éxito será la producción constante de discípulos y líderes reproductores que se convierten en multiplicadores.

5. Desarrollar una estrategia de discipulado para los miembros

En Efesios 4, el Espíritu Santo habla de la manera de equipar a los santos, y de la necesidad de hacerlo:

> Y él mismo dio a unos, apóstoles; a otros, profetas; a otros, evangelistas; a otros, pastores y maestros, a fin de capacitar a los santos para la obra del ministerio, para la edificación del cuerpo de Cristo, hasta que todos lleguemos a la unidad de la fe y del conocimiento del Hijo de Dios, a un varón perfecto, a la medida de la estatura de la plenitud de Cristo; para que ya no seamos niños, zarandeados y llevados por todo viento de doctrina, por estratagema de hombres, con astucia de maquinaciones engañosas, sino que, hablando la verdad en amor, crezcamos en todo en aquel que es la cabeza -Cristo-,

de quien todo el cuerpo, unido y cohesionado por lo que cada miembro suministra, según el efecto que cada uno produce en su parte, hace crecer el cuerpo para su edificación en el amor (Efesios 4:11-16).

Bullón (2015) declara que Dios distribuyó dones a sus hijos "a fin de equipar a los santos para la obra del ministerio, para la edificación del cuerpo de Cristo" (Efesios 4: 12 RVR). Añade que "el testimonio personal no es un don sino una necesidad espiritual, como la oración o el estudio diario de la Biblia".[141]

Bill Hull y Bobby Harrington (2014) escriben:

Los líderes dotados son responsables de equipar a las personas para su trabajo. Los líderes dotados a los que se refiere el texto son apóstoles, profetas, evangelistas, pastores y maestros. Todas estas funciones son necesarias para adecuarse a la diversidad de dones que Dios ha dado a su pueblo. Los santos necesitan el impulso de los apóstoles para seguir adelante, el valor y la claridad del profeta, el deseo de contar la historia del evangelista, el cuidado y la atención del pastor, y los principios y el conocimiento del maestro. "Equipar" es una palabra amplia. Significa remendar una red deshilachada, recomponer un hueso roto, preparar una competición deportiva. Nos gusta describirlo como

> Son responsables de equipar a las personas para su trabajo.

---

[141] Bullón, Total Member Involvement, p. 22 [versión Kindle Cloud Reader].

"entrenar". Se necesitan líderes multidimensionales dotados para preparar a un grupo diverso de personas.[142]

White dice que no son "las capacidades que ahora posees o que alguna vez tendrás, las que te darán el éxito. Es lo que el Señor puede hacer por ti. Necesitamos tener mucha menos confianza en lo que el hombre puede hacer y mucha más confianza en lo que Dios puede hacer por cada alma creyente".[143]

Escribe: "Al trabajar donde ya hay algunos en la fe, el ministro debe buscar al principio no tanto convertir a los incrédulos como entrenar a los miembros de la iglesia para una cooperación aceptable. Que trabaje para ellos individualmente, procurando despertarlos para que busquen una experiencia más profunda por sí mismos y para que trabajen para otros. Cuando estén preparados para sostener al ministro con sus oraciones y trabajos, sus esfuerzos tendrán mayor éxito".[144]

Hull y Harrington (2014) escriben que el equipamiento de los santos "continúa hasta que los santos individualmente y corporativamente alcancen el estándar de la semejanza con Cristo. La norma para detener el proceso de equipamiento es "hasta que todos lleguemos a tal unidad en nuestra fe y conocimiento del Hijo de Dios, que seamos maduros en el Señor, midiendo el estándar pleno y completo de Cristo" (Efesios 4:13 NLT). El equipamiento de los santos nunca cesa. Siempre hay asuntos en la vida de un santo que necesitan ser fortalecidos, pecados que necesitan

---

[142] Bill Hull y Bobby Harrington (2014). *Evangelismo o discipulado*, lugar 487 [versión Kindle Cloud Reader].

[143] White, *Christian Service*, p. 186.

[144] White, *Gospel Workers*, p. 196.

ser confesados y lecciones que deben ser aprendidas", y añaden que equipar a los santos, "aborda los problemas de inmadurez, desunión, inestabilidad, engaño, inactividad, superficialidad, adicción al deseo y falta de enfoque".[145]

Seifert (2013) cita a Wheatley (2006) para afirmar que los líderes actuales se enfrentan a un mundo en el que el cambio continuo es la norma.[146] Todas las organizaciones necesitan gestión y liderazgo, pero el liderazgo es especialmente necesario para resolver problemas que no tienen respuestas fáciles.[147] Los pastores y los líderes de las iglesias están llamados a liderar en una cultura del cambio. Deben formar constantemente a los miembros para ayudarles a mantenerse centrados en la misión.

6. Desarrollar una estrategia de discipulado para los líderes

Para hacer el trabajo de discipulado, se necesita un equipo. Para un programa de discipulado efectivo, necesitamos líderes que entiendan y practiquen el discipulado.

No se puede preparar a un verdadero líder formador de discípulos sin llevarlo primero a Jesús. Solo en la comunión diaria con Cristo puede producirse el carácter de Jesús en la persona. Los líderes mismos no perciben que son humildes, pero los que se relacionan con ellos, sí notan que sus vidas reflejan el carácter del Maestro. Pablo escribió:

---

[145] Hull & Harrington , Evangelismo o Discipulado, lugar 487 [versión Kindle Cloud Reader].

[146] Vanessa M. Seifert (2013). El discipulado como catalizador de la transformación personal en la fe cristiana, p. 1.

[147] Ibid.

> Haya en vosotros este sentir que hubo también en Cristo Jesús, el cual, siendo en forma de Dios, no consideró el ser igual a Dios como un robo, sino que se despojó a sí mismo, tomando la forma de siervo y haciéndose semejante a los hombres. Y hallándose en apariencia de hombre, se humilló a sí mismo y se hizo obediente hasta la muerte, y muerte de cruz. Por eso también Dios lo exaltó y le dio el nombre que está por encima de todo nombre, para que ante el nombre de Jesús se doble toda rodilla de los que están en el cielo, en la tierra y debajo de la tierra, y toda lengua confiese que Jesucristo es el Señor, para gloria de Dios Padre. (Filipenses 2:5-11)

Murrell y Murrell (2016) declaran: "Multiplicamos a los discípulos enseñándoles a caminar por una senda creciente de obediencia. Desarrollamos y multiplicamos líderes enseñándoles a caminar en un camino creciente de servidumbre. Ambos están estrechamente relacionados". Añaden que una iglesia sana sigue el ejemplo de Jesús. "Como un tren, corre sobre dos rieles: uno es el discipulado; el otro es el desarrollo y la multiplicación de líderes. Si se descuida uno de los dos, el tren volcará".

Robert Kaplan y David Norton (2014) escriben que se espera que las organizaciones modernas de recursos humanos guíen el desarrollo de los líderes y ayuden a conformar la cultura de la organización. Aunque es difícil de cuantificar, un buen liderazgo y una cultura de apoyo son facilitadores esenciales de una ejecución exitosa de la estrategia.

Hull menciona: "El liderazgo debe definir *al discípulo*, desarrollar un método para hacer discípulos y modelar ante la congregación lo que es un discípulo y cómo hacer uno".[148]

---

[148] Hull, The Disciple-Making Church, p. 36 [versión Kindle Cloud Reader].

Murrell y Murrell (2016) sostienen que el liderazgo debe ser plural. Si estás llamado a liderar, entonces estás llamado a construir un equipo para poder liderar juntos. En su libro de 2016, *The Multiplication Challenge*, escriben que nadie está llamado a vagar, tratando de cumplir la voluntad de Dios solo. Aquí hay algunos grandes ejemplos que hacen referencia a liderar juntos en la Biblia, según Murrell y Murrell:

Moisés. Moisés fue un gran líder (quizás el mayor líder del Antiguo Testamento), pero sabía que no debía intentar liderar solo. Construyó un equipo que incluía a su hermano y portavoz, Aarón. El equipo de Moisés también incluía a un tipo llamado Hur y a un joven guerrero intrépido llamado Josué. Moisés fue un gran líder, en parte, porque tenía un gran equipo. Como líder del equipo, Moisés asumía la culpa cuando las cosas iban mal y compartía el honor cuando las cosas iban bien. Después de una histórica victoria sobre los amalecitas, Moisés resumió la batalla con estas palabras: "Y Josué arrolló a Amalec y a su pueblo con la espada". (Véase Éxodo 17:8-13.) Moisés estaba lo suficientemente seguro como para dar el crédito de la victoria a un joven líder de la siguiente generación. ¿Eres lo suficientemente seguro como para dar crédito a los líderes jóvenes? Los líderes seguros dan crédito. Los líderes inseguros acaparan el crédito.

David. David fue el mejor rey de Israel de todos los tiempos, pero, al igual que Moisés, nunca dirigió solo. Tenía sus "hombres poderosos", que podían disparar una flecha y lanzar una piedra con la mano derecha y la izquierda. El equipo de David estaba dirigido por un comité ejecutivo de tres personas que estaba presidido por Jashobeam el Hachmonita. Lee ese nombre de nuevo, muy despacio. Jashobeam el Hachmonita, también conocido como "El Rayo". Ese es el nombre de un líder si alguna vez escuché uno. En una famosa batalla, El

Rayo mató a 300 guerreros enemigos con su lanza, él solo. Si alguna vez estoy en una guerra, creo que quiero a alguien como Jashobeam el Hachmonita en mi equipo. David fue un gran líder porque se rodeó de grandes hombres.

Daniel. El equipo de Daniel incluía a sus mejores amigos, Ananías, Misael y Azarías (también conocidos como Sadrac, Mesac y Abednego). Daniel sabía que necesitaría un equipo para superar con éxito las tentaciones de Babilonia. Al final, él y sus amigos no solo soportaron la tentación juntos, sino que fueron reconocidos por sus líderes y compañeros como diez veces mejores que todos los demás jóvenes de Babilonia. Esperaban ser "mejores juntos" y lo fueron. (Véase Daniel 1:11-20.)

Jesús. Incluso Jesús se negó a hacer el ministerio solo. Tenía a sus doce, más un equipo más grande de setenta. Si alguien hubiera podido hacerlo solo, habría sido Jesús, pero pasó tres años construyendo un equipo.

El liderazgo se supone que es plural. Si estás llamado a liderar, entonces estás llamado a construir un equipo para poder liderar juntos. Eso es algo bueno, porque todos nosotros siempre seremos mejores juntos.[149]

---

[149] Steve Murrell y William Murrell (2016). El desafío de la multiplicación. Lake Mary: Charisma House, pp. 26-27.

> La mayoría de las iglesias pierden su fuerza y mueren cuando dejan de producir nuevos líderes. El desarrollo de una comunidad de liderazgo cada vez mayor asegura el futuro de la iglesia.

Hull (2007) afirma: "La mayoría de las iglesias pierden su fuerza y mueren cuando dejan de producir nuevos líderes. El desarrollo de una comunidad de liderazgo cada vez mayor asegura el futuro de la iglesia. Aunque un pastor pretenda discipular por la vía de la predicación, si no logra formar un grupo de liderazgo, se ha escapado. Para implementar y

> Sin esto, la reproducción no existe, y la multiplicación no puede ocurrir.

comunicar ampliamente el discipulado a la población de la iglesia, también debe desarrollar líderes. Sin esto, la reproducción no existe, y la multiplicación no puede ocurrir".[150]

Murrell y Murrell escriben: "Aunque es vital que los líderes crezcan continuamente en su vocación, en su compasión por la gente y en sus habilidades de comunicación, el aspecto más importante y fundacional para crecer como líder es crecer en carácter. Si nuestro carácter crece, todo lo demás necesario para un liderazgo eficaz crecerá en consecuencia".[151]

---

[150] Hull, The Disciple-Making Church, p. 45.

[151] Murrell & Murrell, The Multiplication Challenge, pp. 26-27.

Babcock (2002) escribe que a menos que los líderes actuales equipen a otros, siempre habrá escasez de líderes. El liderazgo en el discipulado es la clave del crecimiento.

7. Desarrollar una estrategia de discipulado para niños y jóvenes

Hawkins, Kinnaman y Matlock (2019) escriben sobre la influencia de los medios digitales. Los jóvenes son la primera generación de humanos que no pueden confiar en la sabiduría ganada de las generaciones mayores para ayudarles a vivir con estos rápidos avances tecnológicos. En lugar de los adultos mayores y las tradiciones, muchos jóvenes prefieren recurrir a los amigos y a los algoritmos.

White escribe: "Hoy tenemos un ejército de jóvenes que pueden hacer mucho si se les dirige y anima adecuadamente".[152] Y añade: "Todo joven que siga el ejemplo de fidelidad y obediencia de Cristo en su humilde hogar podría reclamar aquellas palabras que el Padre pronunció de él a través del Espíritu Santo: '¡He aquí mi siervo a quien sostengo, mi elegido en quien se deleita mi alma! Mi siervo a quien sostengo, mi elegido en quien se deleita mi alma". (Isaías 42: 1)".[153]

White dice: "Los padres deben enseñar a sus hijos el valor y el uso correcto del tiempo. Enséñenles que vale la pena esforzarse por hacer algo que honre a Dios y bendiga a la humanidad. Incluso en sus primeros años, pueden ser misioneros de Dios".[154] Afirma: "El hogar es la primera escuela

---

[152] White, Christian Service, p. 21.

[153] White, El deseo de los siglos, p. 31 [versión Kindle Cloud Reader].

[154] White, Christian Service, p. 31.

del niño, y es aquí donde se deben poner los cimientos para una vida de servicio".[155]

Lynn (2014) escribe que la unidad familiar se está deteriorando a un ritmo rápido, más que en el pasado. Muchos jóvenes se están graduando en la escuela secundaria y abandonan la iglesia en masa. Las investigaciones indican que esto se debe a que los hijos no ven una vida cristiana auténtica manifestada en sus padres. Piensan que sus padres son hipócritas. Concluyen que el cristianismo "no funciona". Lynn menciona que la estadística que mostraba la "edad de no retorno" de alguien que viene a Cristo, que antes era a los dieciocho años, ahora se ha reducido a diez. Los padres deben ser los principales equipadores espirituales de sus hijos. Tienen que estar equipados para saber cómo hacerlo.

Brosius menciona que, en el libro de Josh McDowell, *La última generación cristiana*, declara que "el 85% de los niños que provienen de familias cristianas no tienen una visión bíblica del mundo. La mayoría de ellos abandonan la iglesia entre los dieciocho y los veinticuatro años".[156] Harrington y Putman afirman: "Menos de uno de cada cinco que dicen ser cristianos nacidos de nuevo tienen una visión del mundo de incluso algunas creencias bíblicas fundamentales".[157]

Harrington y Putman citan a David Kinnaman para decir: "La mayoría de los cristianos morirán sin compartir su fe con nadie, y entre el

---

[155] Ibídem, p. 206.

[156] Kevin M. Brosius, "Culture and the Church's Discipleship Strategy", *Journal of Ministry & Theology, 21(1)*, 123-157.

[157] Bobby Harrington y Jim Putman (2013). DiscipleShift: Cinco pasos que ayudan a su iglesia a hacer discípulos que hacen discípulos, p. 21 [versión Kindle Cloud Reader].

sesenta y el ochenta por ciento de los jóvenes dejarán la iglesia a los veinte años".[158]

William F. Cox Jr. y Robert A. Peck (2018) argumentan que este asunto del discipulado es especialmente crucial para los niños por al menos las siguientes tres razones (ver Mateo 18:3, 19:140):

1. El texto bíblico y la receptividad educativa de los seres humanos revelan que los alumnos son más impresionables y enseñables en los primeros años de vida (cf. Lc. 1:41-44; Moll 2014; Tough 2012; Vemy 1981; 2 Tim. 3:15).

2. Desde una perspectiva histórica bíblica y judía, los niños se preparaban de antemano para la llegada de la adolescencia a la edad adulta (cf. Barclay 1959; Lc. 2:42-44; Is. 7:15).

3. La probabilidad de convertirse en cristiano es mayor durante los años de edad escolar, disminuyendo significativamente después (Bama 2017; Culbertson 2015). [159]

8. Desarrollar una estrategia de discipulado para los nuevos miembros

Brown (2012) dice que un ministerio específico que debe ser la piedra angular del discipulado es una clase para nuevos miembros. Esta formación es indispensable para la iglesia y vital para la maduración espiritual de los nuevos creyentes. La investigación demuestra que las clases para nuevos miembros son la etapa perfecta para comunicar la visión de la iglesia y las expectativas de los congregantes.

---

[158] Harrington & Putman, DiscipleShift, p. 20.

[159] William F. Cox Jr. y Robert A. Peck (2018). "La educación cristiana como formación del discipulado", Christian Education Journal, 15(2), 243-261.

Waylon B. Moore escribe: "La evangelización es el medio para hacer conversos y el campo de entrenamiento para

> El discipulado es la forma más rápida de multiplicar líderes.

desarrollar discípulos. Cuando la iglesia exhala discípulos, inhala conversos; así, la iglesia crece. El discipulado es la forma más rápida de multiplicar líderes que acelerarán tanto el evangelismo como el discipulado".[160] Babcock afirma: "El discipulado es ganar, edificar y equipar a los nuevos creyentes hasta el punto de que se conviertan en reproductores espirituales".[161]

Green escribe que los discípulos también practicaron este segundo brazo de hacer discípulos. Después de la conversión de tres mil personas en Pentecostés, los discípulos involucraron a los nuevos conversos enseñándoles: "Perseveraban en la doctrina de los apóstoles, en la comunión, en el partimiento del pan y en las oraciones" (Hechos 2:42). Por lo tanto, hacer discípulos es un proceso de dos pasos. Incluye evangelizar a las personas para que expresen su fe en Jesucristo, así como enseñarles a ser como Cristo.

Hull (2010) declara que esta es la razón por la que las nuevas plantas de iglesias tienen más éxito cuando el pastor se fija firmemente en principios similares a los de Pablo y Bernabé, construye la iglesia sobre la

---

[160] Waylon B. Moore (2013). *El multiplicador: Haciendo discípulos hacedores*, ubicación 265 [versión Kindle Cloud Reader].

[161] Eldon Babcock (2002). *The Implementation of a Disciple-Making Process in the Local Church*.

base de la evangelización, desarrolla a los nuevos conversos hasta convertirlos en seguidores maduros de Jesús, y selecciona a los líderes entre los nuevos cristianos más prometedores.

9. Plan de alineación

La alineación es un elemento de la planificación estratégica, y encontramos este principio en la Biblia. En el esfuerzo del discipulado, si no hay alineación en nuestros planes, será caótico. Pablo dijo: "Sin embargo, en la medida en que lo hayamos logrado, andemos por la misma regla, seamos del mismo parecer" (Filipenses 3:16 RVR). En Romanos 16:17, escribió: "Pero os ruego, hermanos, que os fijéis en los que causan divisiones y escándalos, contrarios a la doctrina que habéis aprendido, y que los evitéis".

Pablo también dijo en 1 Corintios 1:10: "Ahora os ruego, hermanos, por el nombre de nuestro Señor Jesucristo, que habléis todos una misma cosa, y que no haya divisiones entre vosotros, sino que estéis perfectamente unidos en una misma mente y en un mismo juicio".

White escribe: "Los ángeles trabajan armoniosamente. El orden perfecto caracteriza todos sus movimientos. Cuanto más imitemos la armonía y el orden de la hueste angélica, tanto más exitosos serán los esfuerzos de estos agentes celestiales en nuestro favor".[162] Añade: "Oh, ¡cómo se regocijaría Satanás si pudiera tener éxito en sus esfuerzos por introducirse entre este pueblo y desorganizar la obra en un momento en que la organización es esencial y será el mayor poder para mantener

---

[162] White, *Christian Service*, p. 54.

alejados los levantamientos espurios y refutar las afirmaciones no respaldadas por la Palabra de Dios!"[163]

Hull (2010) afirma que "Satanás utiliza muchos medios subversivos e insidiosos para dividir a la iglesia: desde los ancianos que se pelean con los administradores hasta la sociedad misionera de mujeres que guerrea con los líderes de los clubes de niños para mantener a los jóvenes fuera de la cocina de la iglesia".[164]

Kaplan y Norton escriben que el principal objetivo del desarrollo de los recursos humanos "es garantizar su alineación con la estrategia de la empresa. Los líderes deben entender la estrategia hacia la que están movilizando a su organización, y deben crear los valores que apoyan esta estrategia. La propuesta de valor de la empresa en este caso es garantizar la alineación del liderazgo y la cultura con la estrategia".[165]

Y añaden: "La estrategia se formula en la cúspide, pero debe ejecutarse en la base: por los operarios de las máquinas, los representantes de los centros de llamadas, los conductores de los camiones de reparto, los ejecutivos de ventas y los ingenieros. Si los empleados no entienden la estrategia o no están motivados para alcanzarla, la estrategia de la empresa está abocada al fracaso. La alineación del capital humano se consigue cuando los objetivos, la formación y los incentivos de los empleados se alinean con la estrategia empresarial".[166]

---

[163] Ibídem, p. 55.

[164] Hull, The Disciple-Making Church, p. 116.

[165] Robert S. Kaplan y David P. Norton (2006). Alineación: Using the balanced scorecard to create corporate synergies. Boston: Harvard Business Review Press.

[166] Kaplan & Norton, Alineación.

Kaplan y Norton también mencionan que "la estrategia se identifica explícitamente como el punto central del sistema de gestión", mientras que "la alineación se identifica como una parte explícita del proceso de gestión". La ejecución de la estrategia requiere el máximo nivel de integración y trabajo en equipo entre las unidades y los procesos de la organización. ... Sin un fuerte liderazgo ejecutivo, el cambio constructivo no es posible".[167]

Mencionan además que, "cuando nadie es responsable de la alineación general de la organización, se puede perder la oportunidad de crear valor a través de la sinergia". Comunicar y educar para crear una motivación intrínseca".[168] Dan cinco principios clave para alinear los sistemas de medición y gestión de una organización para la elaboración de estrategias:

1. Movilizar el cambio a través del liderazgo ejecutivo.
2. Traducir la estrategia en términos operativos.
3. Alinear la organización con la estrategia.
4. Motivar para que la estrategia sea un trabajo de todos.
5. Gobernar para hacer de la estrategia un proceso continuo.[169]

La alineación no es un acontecimiento único; es un proceso.

White declara: "El secreto de nuestro éxito en la obra de Dios se encuentra en el trabajo armonioso de nuestra gente".[170] Si queremos que nuestros miembros se conviertan en discípulos de Jesús, se necesita una

---

[167] Ibid.

[168] Ibid.

[169] Ibid.

[170] White, Christian Service, p. 54.

estrategia. Alabo al Señor porque si queremos reenfocarnos, ya tenemos la estrategia en la Gran Comisión de Mateo 28:18-20. Al implementar la estrategia para el discipulado, descubrirás el gozo de volver a hacer discípulos.

Aplicación personal

Tengo que hacer muchas cosas diferentes para mantener vivo el fuego del discipulado en mi vida personal y en la vida de mi iglesia. Debo desarrollar nuevos hábitos para ser fiel al llamado de Dios.

Oraciones sugeridas

1. Jesús, ayúdame a mantener la alineación de tu iglesia para el discipulado.
2. Jesús, permíteme servirte no por tradición, sino según tu voluntad, claramente revelada a mí.
3. Jesús, ayúdame a mantener la unidad de tu iglesia para hacer discípulos.
4. ¡Oh Dios! Por tu gracia, me gustaría ser un discípulo de Jesús que cambie las reglas del juego.

PARTE III

¿QUÉ HACE UN DISCÍPULO?

CAPITULO 6

ELEGIDO PARA HACER DISCÍPULOS PARA CRISTO

"Todos los que son llamados a la salvación son llamados al discipulado, ¡sin
excepciones, sin excusas!"
—Bill Hull

Una de las iglesias para las que ejerzo mi ministerio experimentó un momento de alegría como nunca antes. Una hermana de la iglesia llevaba mucho tiempo orando por la conversión de su marido. Era su sueño. Un sábado, el marido vino y tomó la decisión de seguir a Jesús, y después de algunas semanas, se bautizó. Me sorprendió ver cómo todos los miembros de la iglesia se alegraban de este acontecimiento. Una vez más, me di cuenta de que, efectivamente, hay alegría en hacer discípulos. Creo que todo creyente puede dar testimonio de la alegría de ver que alguien se decide a seguir a Jesús. Cada creyente es elegido por Jesús no solo para ser un discípulo, sino también para hacer discípulos.

Hull (2006) menciona que el discipulado no es solo un proceso sino un estilo de vida. No es un aspecto temporal, sino que es permanente a lo largo de nuestra vida. El discipulado no es solo para los nuevos conversos; es un llamado diario para todos los cristianos durante su vida. El discipulado no es solo un programa de la iglesia; es lo que la iglesia hace. No es solo un aspecto del progreso del reino de Dios; la presencia de discípulos sinceros es el testimonio más significativo de los negocios de Dios en la tierra.

White escribe: "En su sabiduría, el Señor pone en contacto a quienes buscan la verdad con otros seres que la conocen".[171]

Una llamada para todo seguidor de Jesús

White escribe:

> La llamada a darlo todo al altar del servicio llega a cada uno. No se nos pide a todos que sirvamos como Eliseo, ni se nos pide que vendamos todo lo que tenemos, pero Dios nos pide que demos a su servicio la máxima prioridad en nuestras vidas, que no dejemos pasar ningún día sin hacer algo para avanzar en su obra en la tierra. Él no espera el mismo tipo de servicio de todos. Uno puede ser llamado al ministerio en una tierra extranjera; a otro se le puede pedir que dé de sus medios para el apoyo de la obra del evangelio. Dios acepta la ofrenda de cada uno. Lo que se considera necesario es la consagración de la vida y de todos sus intereses. Los que hacen esta consagración escucharán y obedecerán el llamado del cielo.[172]

Y añade: "Dios quiere que hagamos el mejor y más alto uso de los talentos que nos ha dado".[173]

---

[171] White, *Christian Service*, p. 6.

[172] White, *Prophets and Kings*, p. 221.

[173] White, *Christian Service*, p. 62.

> Todo verdadero discípulo nace en el reino de Dios como un misionero.

White escribe: "Todo verdadero discípulo nace en el reino de Dios como un misionero. El que bebe del agua viva se convierte en una fuente de vida. El que recibe se convierte en dador".[174] Ella afirma: "Dios espera un servicio personal de todos aquellos a quienes ha confiado el conocimiento de la verdad para este tiempo y que salvar almas debe ser la tarea de la vida de todo aquel que profesa a Cristo".[175]

Escribe: "Cada uno de nosotros tiene una misión de increíble importancia que no puede descuidar ni ignorar, ya que su cumplimiento implica la salud de algún alma y su descuido la desdicha de alguien por quien Cristo murió".[176]

No podemos dejar nuestras tareas en manos de otro. White escribe: "Tu deber no puede ser trasladado a otro. Nadie más que tú puede hacer tu trabajo. Si retienes tu luz, alguien debe quedar en la oscuridad por tu negligencia". Ella dice: "Dios exige que cada alma que conoce la verdad busque ganar a otros al amor de la verdad".[177,178]Añade: "Si estás genuinamente consagrado, Dios, a través de tu instrumentalidad, traerá a

---

[174] Ibid. , p. 6.

[175] Ibídem, p. 7.

[176] White, Christian Service, p. 7.

[177] Ibídem, p. 71.

[178] Ibídem, p. 6.

la verdad a otros que Él puede utilizar como canales para transmitir la luz a muchos que están a tientas en la oscuridad".[179]

Harrington declara que "la Gran Comisión no podrá llevarse a cabo de la manera que Jesús pretendía hasta que los cristianos de a pie participen activamente y dejen de depender de los pastores y líderes de la iglesia para hacer discípulos".[180]

Bullón (2017) ofrece formas prácticas de involucrarse personalmente en hacer discípulos. Escoge cinco personas que te gustaría llevar a Jesús. La conversión es obra del Espíritu Santo. Por lo tanto, ora, ora y ora. No te canses de orar. Ve a los lugares donde se reúne la gente. Aprende a amar a la gente y a sentir compasión por ella. Añade que la misión que Dios encomendó a su iglesia no es solo una misión corporativa, sino que incluye la participación de cada creyente. Jesús nunca imaginó a su iglesia cumpliendo la tarea con la participación de solo unos pocos miembros. Cualquier plan de evangelización que deje al creyente solo mirando no es Su plan. "Esta no es la manera de trabajar de Dios".[181]

Hull (2010) escribe: "Todo discípulo está llamado a hacer discípulos". Añade que "el compromiso de ser y hacer discípulos debe ser el acto central de cada discípulo y cada iglesia".

White hace esta solemne declaración:

---

[179] Ibídem, p. 182.

[180] Harrington, The Disciple-Maker's Handbook, p. 172 [versión Kindle Cloud Reader].

[181] Bullón, Total Member Involvement, p. 9.

> Nunca podremos salvarnos en la indolencia y la inactividad.

Nunca podremos salvarnos en la indolencia y la inactividad. No existe una persona verdaderamente convertida que viva una vida indefensa e inútil. No es posible que vayamos a la deriva al cielo. Ningún perezoso puede entrar allí. Los que se niegan a cooperar con Dios en la tierra no cooperarían con Él en el cielo. No sería seguro llevarlos al cielo.[182]

Una forma de crecer espiritualmente

El discípulo está llamado a crecer más allá de sus expectativas. Jesús da pleno poder a todo verdadero discípulo. Lucas 9:1-2 nos dice: "Entonces convocó a sus doce discípulos y les dio poder y autoridad sobre todos los demonios, y para curar enfermedades. Los envió a predicar el reino de Dios y a sanar a los enfermos". Eso es real: el discípulo de Jesús tiene poder y autoridad sobre todos los demonios.

White escribe: "No hay límite a la utilidad de quien, poniendo el yo a un lado, da cabida a la obra del Espíritu Santo en su corazón y vive una vida totalmente consagrada a Dios".[183] Añade: "La falta de verdadera dignidad y refinamiento cristiano en las filas de los guardadores del sábado va en contra de nosotros como personas y hace que la verdad que profesamos sea desagradable. La obra de educar la mente y los modales puede llevarse a cabo a la perfección. Si los que profesan la verdad no mejoran ahora sus privilegios y oportunidades para crecer hasta la plena

---

[182] White, Christian Service, p. 64.

[183] White, El deseo de los siglos, p. 131 [versión Kindle Cloud Reader].

estatura de hombres y mujeres en Cristo Jesús, no serán un honor para la causa de la verdad, ni un honor para Cristo." [184]

White declara: "El Señor desea que utilicemos todos los dones que tenemos, y si lo hacemos, tendremos dones más importantes que utilizar. Él no nos dota sobrenaturalmente de las cualidades que nos faltan, pero mientras usemos lo que tenemos, trabajará con nosotros para aumentar y fortalecer cada facultad. Por cada sacrificio sincero y ferviente para el servicio del Maestro, nuestras facultades aumentarán". [185]

Ella declara: "La única manera de crecer en la gracia es hacer con interés el trabajo que Cristo nos ha encomendado". [186] además, dice, "Es el privilegio de cada alma el avanzar. Los que están relacionados con Cristo crecerán en la gracia y en el conocimiento del Hijo de Dios, hasta alcanzar la plena estatura de hombres y mujeres. Si todos los que dicen creer en la verdad hubieran aprovechado al máximo su capacidad y sus oportunidades de aprender y hacer, se habrían hecho fuertes en Cristo. Cualquiera que sea su ocupación, ya sean agricultores, mecánicos, maestros o pastores, si se hubieran consagrado enteramente a Dios, habrían llegado a ser obreros eficientes para el Maestro celestial". [187]

Declara: "El afecto puede ser tan claro como el cristal y hermoso en su pureza, pero puede ser superficial porque no ha sido probado. Haz que Cristo sea el primero, el último y el mejor en todo. Contempladle constantemente, y vuestro amor por Él se hará cada día más profundo y

---

[184] White, Testimonios para la Iglesia, vol. 4, pp. 358-359.

[185] White, Christ's Object Lessons, pp. 353-354.

[186] White, Christian Service, p. 101.

[187] White, Testimonios para la Iglesia, vol. 6, p. 423.

más fuerte al ser sometido a la prueba. Y a medida que aumente vuestro amor por Él, vuestro amor mutuo se hará más profundo y más fuerte".[188]

Y añade: "Nuestro crecimiento en gracia y alegría y nuestra utilidad dependen de nuestra unión con Cristo. Crecemos en gracia pasando tiempo con Él, día a día, hora a hora. Él no solo crea nuestra fe, sino que la hace perfecta".[189]

White declara:

> Dios podría haber alcanzado su objetivo de salvar a los pecadores sin nuestra ayuda, pero para que desarrollemos un carácter como el de Cristo, debemos participar en su obra. Para entrar en su gozo -el gozo de ver a las almas redimidas por su sacrificio- debemos participar en sus labores para su redención.[190]

Dice: "Los que no hacen nada por la causa de Dios no crecerán en la gracia y en el conocimiento de la verdad".[191]

---

[188] White, Mind, Character, and Personality, vol. 1, p. 212 [versión Kindle Cloud Reader].

[189] Ellen G. White (2020). Los pasos hacia Cristo. Doral: Editorial de la División Interamericana, p. 68.

[190] White, El deseo de los siglos, p. 142 [versión Kindle Cloud Reader].

[191] White, Christian Service, p. 75.

Una obra no exenta de dificultades

> Trabajar para Dios no está exento de dificultades, pero Dios hace provisión para darte la victoria en cada giro de la lucha.

Trabajar para Dios no está exento de dificultades, pero Dios hace provisión para darte la victoria en cada giro de la lucha.

White dice: "Satanás convocó todas sus fuerzas y, a cada paso, impugnó la obra de Cristo. Así será en el gran conflicto final de la controversia entre la justicia y el pecado. Mientras la nueva vida, la luz y el poder descienden desde lo alto sobre los discípulos de Cristo, una nueva vida brota desde abajo y da energía a las agencias de Satanás".[192]

Y añade: "La meditación y la oración nos impedirían precipitarnos sin querer en el camino del peligro, y así nos salvaríamos de muchas derrotas".[193] En esta batalla, debemos confiar en la Palabra de Dios y en la oración. White menciona que "fue por la palabra de Dios que Cristo venció al malvado".[194]

En su lucha, los autores del Nuevo Testamento experimentaron el poder de la oración.

> Pero recordad los días pasados en los que, después de haber sido iluminados, soportasteis una gran lucha con sufrimientos. (Hebreos 10:32 RVR)

---

[192] White, El deseo de los siglos, p. 135 [versión Kindle Cloud Reader].

[193] White, The Desire of Ages, p. 126.

[194] Ibídem, p. 135.

Rezad por nosotros, pues estamos seguros de tener una buena conciencia, deseando en todo vivir honradamente. Pero os ruego especialmente que hagáis esto, para que yo sea restituido a vosotros cuanto antes. (Hebreos 13:18 RVR)

A lo largo de su ministerio, Pablo pidió a los demás que rezaran por él. En 1 Tesalonicenses 5:17, Pablo nos pide que "oremos sin cesar".

En Romanos 15:30-31, el apóstol pidió la oración de los santos:

Ahora os ruego, hermanos, por el Señor Jesucristo y por el amor del Espíritu, que os esforcéis conmigo en orar a Dios por mí, para que sea librado de los que no creen en Judea, y para que mi servicio por Jerusalén sea aceptable a los santos. (RVA)

En 2 Corintios 10:4, Pablo dijo: "Porque las armas de nuestra lucha no son carnales, sino poderosas en Dios para derribar fortalezas". En Colosenses 2:1, el apóstol dijo: "Porque quiero que sepáis el gran conflicto que tengo con vosotros y con los de Laodicea, y con todos los que no han visto mi rostro en la carne".

Pablo habló de su sufrimiento y de su lucha: "Pero incluso después de haber sufrido antes y de haber sido tratados con rencor en Filipos, como sabéis, nos atrevimos en nuestro Dios a hablaros del evangelio de Dios en medio de muchos conflictos" (1 Tesalonicenses 2:2 RVR).

Pablo dijo en Filipenses 1:29-30: "Porque a vosotros se os ha concedido, en nombre de Cristo, no solo creer en él, sino también padecer por él, teniendo el mismo conflicto que visteis en mí y que ahora oís que está en mí".

En Colosenses 4:2, leemos: "Perseverad en la oración, velando en ella con acción de gracias".

Pablo escribió: "Os saluda Epafras, que es uno de vosotros, siervo de Cristo, siempre trabajando fervientemente por vosotros en las oraciones, para que estéis perfectos y completos en toda la voluntad de Dios" (Colosenses 4:12 RVR).

Jesús ora mucho también por el éxito de su ministerio de discipulado. En Mateo 14:23, lo vemos orando toda la noche. Al final de Su ministerio, encontramos a Jesús en oración en Getsemaní (Mateo 26:36-44).

White declara: "Si no estamos dispuestos a hacer sacrificios especiales para salvar a las almas que están listas para perecer, ¿cómo podemos ser considerados dignos de entrar en la ciudad de Dios?"[195] Ella afirma que "el Señor pide soldados que no fracasen ni se desanimen, sino que acepten la obra con todas sus características desagradables. Quiere que todos tomemos a Cristo como modelo".[196]

Y añade:

> Uno más grande que Josué está dirigiendo los ejércitos de Israel. Uno está en medio de nosotros, el Capitán de nuestra salvación, que ha dicho para animarnos: "He aquí que yo estoy con vosotros todos los días, hasta el fin del mundo". "Tened buen ánimo; yo he vencido al mundo". Él nos llevará a la victoria absoluta. Lo que Dios promete, es capaz de realizarlo en cualquier momento. Y la obra que da a su pueblo para hacer, Él es capaz de realizarla por ellos.[197]

---

[195] White, Testimonios para la Iglesia, vol. 9, p. 103.

[196] White, Testimonios para la Iglesia, vol. 2, p. 151.

[197] White, Testimonios de la Iglesia, vol. 2, p. 122.

Una forma de cumplir con su propósito más elevado en la vida

Creo que el discipulado es la forma en que Dios permite a cada creyente cumplir su propósito más elevado en la vida.

White escribe: "Me han impresionado profundamente las escenas que han pasado recientemente ante mí en la estación nocturna. Parecía haber un gran movimiento, una obra de avivamiento, avanzando en muchos lugares. Nuestro pueblo se movía en fila, respondiendo al llamado de Dios".[198]

Añade que, "la vida en la tierra es el comienzo de la vida en el cielo; la educación en la tierra es una iniciación a los principios del cielo; el trabajo de la vida aquí es un entrenamiento para el trabajo de la vida allí. Lo que somos ahora, en carácter y servicio santo, es la prefiguración segura de lo que seremos".[199] Menciona: "Los miembros de la iglesia deben trabajar; deben educarse a sí mismos, esforzándose por alcanzar la norma más alta que se les ha fijado. El Señor les ayudará a alcanzarlo si cooperan con Él".[200]

Cox y Peck (2018) mencionan que el discipulado promueve el propósito más alto de la vida, ya que impacta directamente en la eternidad.

---

[198] Ellen G. White (1913). The General Conference Bulletin (29 de mayo de 1913), p. 34.

[199] Ellen G. White (2010). Education, p. 307 [versión Kindle Cloud Reader].

[200] White, Testimonios de la Iglesia, vol. 9, p. 140.

Una obra con responsabilidad

Todo el mundo tiene que rendir cuentas a alguien. Es una forma excelente de crecer. Herrington et al. (2003) señalan que las personas pueden rendir cuentas de su transformación a lo largo del viaje uniéndose a un grupo de otras personas que también están comprometidas con el viaje de transformación.

Encontramos la responsabilidad en la Biblia. Josué rindió cuentas a Moisés. Los doce y los setenta informaron a Jesús. Hull (2007) afirma:

> Los apóstoles enviaron a Pedro y a Juan a comprobar el incipiente ministerio de Felipe. Aunque querían multiplicar sus esfuerzos, los doce también querían un control de calidad. Necesitaban pruebas de que la mano de Dios estaba en la aceptación de Cristo por parte de los samaritanos. Seguramente Pedro y Juan hablaron con los conversos, interrogándolos sobre sus decisiones. Para estar seguros de que Dios había derribado esta barrera, orarían para que los samaritanos recibieran el Espíritu Santo de la misma manera que ellos lo habían recibido. Así que oraron, y los samaritanos recibieron el Espíritu, alabando a Dios en lenguas desconocidas. Dios había confirmado la destrucción de la barrera samaritana; la realidad de su poder no podía ser negada. Basándose en esto, Pedro y Juan predicaron en su camino a casa, a través de las ciudades samaritanas. Sus acciones reflejaban un cambio importante en su visión del mundo.[201]

---

[201] Hull, *The Disciple-Making Church*, p. 96.

Hull escribe:

> Siempre que la iglesia multiplica el ministerio, la autoridad delegada requiere responsabilidad. Sin ella, el ministerio multiplicado es un problema que busca un lugar para desarrollarse. La contaminación del mensaje, la imitación de los métodos, la apropiación indebida de los dones y la corrupción financiera no son más que algunos de los peligros que la negligencia hace correr.[202]

Y añade:

> Los discípulos son el producto; bautizar y enseñar a obedecer son los calificativos. Como mínimo, un discípulo hace público su testimonio, a través del bautismo, y se somete a la autoridad de otros al ser enseñado. Está disponible para la formación; entiende la virtud de la responsabilidad. Se compromete a aprender durante toda la vida. No hay formación de discípulos sin responsabilidad.[203]

En su libro clásico sobre el discipulado, Ron Bennett se basa en la definición de Moore cuando afirma: "El discipulado es un proceso que tiene lugar dentro de relaciones responsables en un período de tiempo con el propósito de llevar a los creyentes a la madurez espiritual en Cristo".[204] Una relación responsable es significativa para entender el significado del discipulado. Los discípulos deben rendir cuentas a alguien.[205]

---

[202] Hull, The Disciple-Making Church, p. 97.

[203] Ibídem, p. 70.

[204] Ron Bennett, Intentional Disciplemaking: Cultivando la madurez espiritual en la iglesia local. Colorado Springs, CO: NavPress, lugar 153 [versión Kindle Cloud Reader].

[205] Onyinah, "El significado del discipulado".

Muchas personas necesitan ayuda para mantener sus compromisos con Dios. La iglesia debe proporcionar una variedad de medios para que las personas rindan cuentas. La formación de discípulos no puede ocurrir si se omite este elemento. Se puede hacer una serie de acuerdos dentro del programa de discipulado de la iglesia. Deben proveerse medios formales e informales de rendición de cuentas, desde el sistema de amigos hasta los pactos relacionales.

Hull dice:

> Ningún sistema puede hacer un discípulo, porque el discipulado requiere que la voluntad de una persona sea activada por el Espíritu Santo.

Todo ministerio exitoso se basa en las relaciones. La iglesia que discierne debe hacer de la construcción de la comunidad una prioridad muy alta, y toda la vida del grupo de la iglesia debe animar a la gente a compartir sus necesidades. Un ambiente de amor y apoyo construye una equidad emocional que actúa como un amortiguador durante los baches y la turbulencia del ministerio. Este anclaje emocional necesita ser liberado para formar la base relacional de la iglesia. Para que el discipulado sea efectivo, recuerde: el discipulado no es un evento; es un proceso. Ningún sistema puede hacer un discípulo, porque el discipulado requiere que la voluntad de una persona sea activada por el Espíritu Santo.[206]

---

[206] Hull, The Disciple-Making Church, p. 37.

Una obra con exceso de alegría

Un discípulo de Jesús tiene alegría (Juan 15:11). White menciona: "Es un error pensar que a Dios le agrada ver sufrir a sus hijos. Todo el cielo está interesado en la felicidad del hombre. Nuestro Padre celestial no cierra las vías del gozo a ninguna de sus criaturas".[207]

Y añade:

> El gozo es la recompensa de los obreros de Cristo para entrar en su gozo. Ese gozo, que Cristo mismo espera con anhelo, se presenta en su petición a su Padre: "Diré que también ellos, los que me has dado, estén conmigo donde yo estoy".[208]

Un trabajo gratificante

White escribe: "La aprobación del Maestro no se da por la grandeza de la obra realizada, porque se hayan ganado muchas cosas, sino por la fidelidad en incluso unas pocas cosas. Lo que pesa ante Dios no son los grandes resultados que alcanzamos, sino los motivos por los que actuamos. Él valora más la bondad y la fidelidad que la grandeza de la obra realizada".[209]

Añade: "Todo esfuerzo realizado por Cristo reaccionará en bendición sobre nosotros mismos".[210] Ella escribe: "Cada

> Todo esfuerzo realizado por Cristo reaccionará en bendición sobre nosotros mismos.

---

[207] White, Steps to Christ, p. 46.

[208] White, Testimonios para la Iglesia, vol. 6, p. 309.

[209] White, Testimonios para la Iglesia, vol. 2, pp. 510-511.

[210] White, Christ's Object Lessons, p. 354.

deber realizado, cada sacrificio hecho en el nombre de Jesús trae una recompensa extremadamente grande. En el mismo acto del deber, Dios habla y da su bendición".[211]

Harrington (2017) escribe que solo Jesús es digno de ser lo más importante en nuestras vidas-esto es el discipulado. El enfoque principal es Jesús, y es debido a quién es Jesús y lo que dijo e hizo que el discipulado y la formación de discípulos debe ser nuestra pasión impulsora.

White escribe: "Un alma tiene un valor infinito, pues el Calvario habla de su valor. Un alma, ganada a la verdad, servirá para ganar a otras, y habrá un resultado siempre creciente de bendición y salvación".[212] Añade: "Al trabajar por las almas que perecen, tenéis la compañía de los ángeles".[213]

Babcock (2002) dice que no hay nada más emocionante que ver a una persona que ha llegado a conocer a Cristo ser discipulado y, a su vez, comenzar a discipular a otros. Él o ella se han equipado para reproducirse. Los reproductores son personas que se convierten en entrenadores después de haber sido entrenados.

White menciona: "Nuestro pequeño mundo bajo la maldición del pecado -la única mancha oscura en su gloriosa creación- será honrado por encima de todos los demás mundos en el universo de Dios".[214]

Ella dice:

---

[211] White, Testimonios para la Iglesia, vol. 4, p. 145.

[212] White, Christian Service, p. 85.

[213] Ibídem, p. 183.

[214] White, El deseo de los siglos, p. 26 [versión Kindle Cloud Reader].

> El más humilde y débil de los discípulos de Jesús puede ser una bendición para otros.

El más humilde y débil de los discípulos de Jesús puede ser una bendición para otros. Puede que no se den cuenta de que están haciendo algún bien, pero por su influencia inconsciente, pueden iniciar olas de bendición que se ampliarán y profundizarán; los resultados benditos puede que nunca los conozcan hasta el día de la recompensa final. No sienten ni saben que están haciendo algo importante. No tienen que cansarse con la ansiedad por el éxito. Solo tienen que avanzar tranquilamente, haciendo fielmente el trabajo que la providencia de Dios les asigna, y sus vidas no serán en vano. Sus propias almas crecerán cada vez más a la semejanza de Cristo; son obreros junto a Dios en esta vida y son así aptos para la obra superior y el gozo sin sombra de la vida venidera.[215]

Hacer discípulos es la misión de todo discípulo: salir a buscar gente para Cristo. Debemos decirles que Dios les ama y que no hay tiempo que perder. Debemos ir a ellos con el amor como herramienta y llevarlos al reino del amor.

Bienaventurado aquel siervo a quien su señor, cuando venga, lo encuentre haciendo así (Mateo 24:46 RVR).

---

[215] White, Steps to Christ, p. 83.

Aplicación personal

No quiero conformarme con mi vida espiritual actual. No quiero conformarme con menos cuando Dios tiene más para mí. Quiero experimentar la alegría de ser un discípulo.

Oraciones sugeridas

1. Jesús, dame la alegría de ser tu discípulo.
2. Oh Señor, ayúdame a crecer espiritualmente.
3. Espíritu Santo, lléname como nunca antes para que pueda cumplir el más alto propósito de mi vida.

CAPÍTULO 7

❖ ❖ ❖

ELEGIDO PARA SER UN DISCÍPULO DE CRISTO EN EL SIGLO XXI

"Dios no ha prometido bendecir nuestros buenos motivos, sueños e innovaciones. Ha prometido bendecir su plan; ese plan es que los discípulos hagan otros discípulos; todo lo demás es un espectáculo secundario".

—Bill Hull

Este capítulo tiene una historia. Terminé los seis capítulos anteriores y pensé que había terminado. Envié los capítulos a mis dos hijos y les pedí que me dieran su opinión. Dios inspiró a mi segundo hijo, David, para que me dijera: "Papá, lo que escribiste está bien, pero ¿cómo puede una persona ser un discípulo en este mundo tan ajetreado cuando muchos tienen dos trabajos y otros enfrentan tantos desafíos para sobrevivir?"

Estas preguntas me parecieron muy acertadas. Afrontemos esta realidad.

En cada generación, empezando por Abraham, Dios eligió a personas para que le siguieran. En cada generación, después de su ascensión, Jesús selecciona personas para ser discípulos y para hacer discípulos. El orden es hacer discípulos hasta el final. Lea de nuevo Mateo 28:18-20:

> Jesús se acercó y les habló diciendo: "Se me ha dado toda la autoridad en el cielo y en la tierra. Id, pues, y haced discípulos a todas las naciones, bautizándolas en el nombre del Padre y del Hijo y del Espíritu Santo, enseñándoles a observar todo lo que os he mandado; y he aquí que yo estoy con vosotros todos los días, hasta el fin del mundo". (RVA)

Amén. Es evidente que Jesús tendrá discípulos hasta el final. Es evidente que Jesús también quiere discípulos en el siglo XXI.

La gran pregunta ahora es: ¿cómo vamos a ser discípulos en este siglo XXI, cuando los pastores, los líderes de las iglesias locales y los miembros están tan ocupados? ¿Cómo vamos a ser discípulos hoy en la cuarta revolución industrial? ¿Cómo podemos ser discípulos en este entorno 5G, donde la tecnología inalámbrica de quinta generación para redes celulares digitales tiene el potencial de cambiar tantas cosas?

Centrarse en la era de la información

Vivimos en la era de la información. Vivimos en una cultura digital. Aunque Internet es una herramienta fantástica, debemos tener cuidado de no matar nuestro tiempo con Dios.

> Si no priorizas tu vida, otro lo hará

Greg McKeown escribe: "Si no priorizas tu vida, otro lo hará" y añade que "la búsqueda disciplinada de menos nos permite recuperar el control de nuestras elecciones para poder hacer la mayor contribución posible a las cosas que realmente importan".[216] En su libro *Essentialism: The Disciplined Pursuit of Less*, McKeown cuenta la historia de Bill Gates, el director general de Microsoft, que "regularmente se toma una semana libre dos veces al año de su ocupado y frenético tiempo para crear tiempo y espacio para recluirse y no hacer nada más que leer artículos y libros, estudiar la tecnología y pensar en el panorama general".[217] Bill Gates llama a estas dos semanas "Think Week".

Daniel J. Levitin (2015), en su libro, *The Organized Mind (La mente organizada)*, escribe sobre la necesidad de organizarse para gestionar el diluvio de información que nos asalta cada día. Thomas Kersting (2016), en su libro *Disconnected*, ofrece algunas estadísticas alarmantes sobre cómo el uso excesivo de dispositivos electrónicos puede afectar al cerebro.

Debes tomar el control de los aparatos digitales y utilizarlos estratégicamente. Si no, te controlarán y acabarán destruyendo tu vida espiritual, tu salud personal y tu vida familiar. En todo, debemos cultivar la templanza. Este es uno de los frutos del Espíritu Santo (Gálatas 5:23 RVR). Eso significa que, si eres adicto a la Internet, el Espíritu Santo puede darte la victoria sobre ella. Si quieres ser un discípulo de Jesús en este siglo XXI, no dejes que nada te robe tu tiempo diario con Jesús. Es durante este tiempo diario con Jesús que escucharás su voz; encontrarás la fuerza para llevar la carga del día y tendrás una nueva visión para navegar los desafíos del día. Aquí es donde encontrarás tu alegría. Descubrirás el propósito de tu vida.

---

[216] Greg McKeown (2014). Essentialism: La búsqueda disciplinada de menos. Reino Unido: Random House Group Company, p. 10.

[217] Ibídem, p. 70.

Encuentra tiempo para ti y para Dios

A lo largo de la Biblia, vemos que nadie puede seguir a Dios o hacer algo por Dios sin un encuentro personal con Él. Eso es cierto en este siglo: para ser discípulo de Jesús, hay que encontrar tiempo para estar con Él. El tiempo que se pasa en su presencia nunca es un tiempo perdido. Es un tiempo renovador, un tiempo rejuvenecedor. La vida actual es tan conmovedora. No puedes navegar por todos los giros y vueltas por ti mismo. Necesitas a Jesús a tu lado cada día.

Tienes que buscar a Dios cada día. Él es tu Padre. Él te ama. Y en su oración modelo en Mateo 6:9-15, Jesús nos enseña que Dios es nuestro Padre. Él conoce nuestras necesidades. Cada día, Él proveerá nuestro alimento. Nos dará protección, guía y la alegría del perdón. Si alguna vez hubo un momento en el que necesitabas buscar a Dios, es precisamente en estos últimos días. No tienes que navegar solo por esta dura vida. Tu Padre te espera cada día para hacer por ti "muchísimo más de lo que pedimos o pensamos, según el poder que obra en nosotros" (Efesios 3:20 RVR).

Haz que la prioridad de tu vida sea pasar tiempo con Jesús cada día. Cuando empieces por pasar cinco o diez minutos con Él cada día, después de algún tiempo, empezarás a dedicarle más porque cuanto más cerca estés de Jesús, más querrás pasar tiempo con Él y más claridad tendrás en tu vida, y experimentarás la alegría de caminar con Jesús.

Ejemplo de Josué

No creo que se pueda tener una vida más ajetreada que la de Josué de la Biblia. Fue alguien que tuvo que conquistar vastos territorios ocupados por muchas naciones con ciudades fortificadas.

Según Josué 12:7-24, Josué derrotó a treinta y un reyes del lado occidental del Jordán, sin mencionar a los reyes de las zonas del sur y del norte alrededor del Mar de Galilea. Tuvo que luchar contra enemigos durante toda su vida. Hoy en día, no se pueden tener más cargas en la vida que las que tuvo Josué. Sin embargo, Dios le dijo a Josué que para que tuviera éxito en esa tarea, debía encontrar tiempo para leer y meditar en la Biblia todos los días.

Dios dijo: "Este libro de la Ley no se apartará de tu boca, sino que meditarás en él de día y de noche, para que guardes y hagas todo lo que en él está escrito. Porque entonces harás próspero tu camino y tendrás buen éxito" (Josué 1:8 RVR).

¿Quieres tener éxito en el ritmo de vida loco del siglo XXI? Encuentra tiempo para leer y meditar en la Biblia cada día. ¿Tienes muchas batallas que librar? Esta es la fuente del éxito en tu vida. Dios da la garantía de que, si lo haces, Él "hará próspero tu camino" (Josué 1:8 RVR). Más que eso, "Dios está contigo dondequiera que vayas" (Josué 1:9 RVR). Dedica tiempo a meditar en Jesús cada día y en su sacrificio, la forma en que lo trataron, su amor, su pasión, su muerte y su resurrección. Cuanto más medites en Jesús, más te parecerás a Él y más fuerza encontrarás para afrontar los retos de la vida.

Saca tiempo para meditar y orar cada día. Al igual que Josué, tú también estás en una verdadera lucha. El diablo está luchando contra ti todos los días. La oración es tu brazo espiritual.

El reformador Martín Lutero experimentó el poder de la oración. He aquí algunas citas de Martín Lutero sobre la oración:

"Tengo que apresurarme todo el día para tener tiempo de orar".

"Si no paso dos horas en oración cada mañana, el diablo obtiene la victoria durante el día. Tengo tantos asuntos que no puedo seguir adelante sin pasar tres horas diarias en oración".

"Si descuidara la oración un solo día, perdería gran parte del fuego de la fe".[218]

Tengan en cuenta que podríamos ser los últimos discípulos de Jesús en esta tierra.

Jesús dijo que estaría con nosotros hasta el final. Qué alegría saber, en este mismo día, que Jesús está con nosotros, el que tiene toda la autoridad en el cielo y en la tierra. Eso puede ser un alivio para nosotros, que puede ayudarnos a manejar nuestra ansiedad, el estrés y el miedo al mañana. Jesús dijo que cuidaría de nosotros. La Biblia dice: "Los cabellos de tu cabeza están todos contados" (Mateo 10:30).

En estos días desafiantes, Jesús dijo: "Buscad primero el reino de Dios y su justicia, y todas estas cosas os serán añadidas" (Mateo 6:33 RVR). Él cuidará de ti y de tu familia. Para ser un discípulo de Jesús hoy, necesitas tener más fe en Él, sabiendo que *nunca* te fallará. Jesús debe ser el primero,

---

[218] Todas las citas de Martín Lutero han sido extraídas de https://www.quotetab.com/martin-luther-quotes-about-prayer.

el último y el mejor en todo lo que hagas. Como discípulo de Jesús, no importa cuál sea la situación, tienes un futuro brillante ante ti.

Dicho esto, en este mundo ruidoso, necesitas encontrar tiempo para Jesús cada día. El tiempo que pasas con Jesús no es tiempo perdido; es recibir el combustible necesario para seguir avanzando con alegría y propósito.

Sé un ejemplo para los demás

Eres un discípulo de Jesús, y le sigues por elección y por gracia. Aprendes de Él cada día cómo vivir en el reino de Dios. Pablo da un ejemplo perfecto de cómo ser un discípulo, y estas palabras son eternas. Las necesitamos más que nunca en esta era postmoderna. Pablo escribió:

> He sido crucificado con Cristo; ya no vivo yo, sino que Cristo vive en mí; y la vida que ahora vivo en la carne la vivo por la fe en el Hijo de Dios, que me amó y se entregó por mí (Gálatas 2:20).

Tengo que confesar que nunca entendí la idea del versículo. Siempre pensé que Pablo cultivó esta idea al final de su ministerio. Solo después de investigar un poco descubrí que Pablo escribió la carta a los gálatas hacia el año 49 d.C., antes de su asistencia al Concilio de Jerusalén (véase también Hechos 15:1-30). Segunda Timoteo, una de las últimas cartas de Pablo, fue escrita desde una oscura y húmeda celda de una cárcel romana, justo antes de su muerte en el año 67 d.C. Eso significa que no fue al final de su vida cuando Pablo dijo: "He sido crucificado con Cristo". Lo dijo en la cima de su ministerio, lleno de desafíos, persecuciones, lapidación y encarcelamientos. Eso significa que, en este tiempo desafiante, en tu vida llena de cargas, Cristo todavía puede vivir en ti. "Cristo viviendo en mí" era una vida nueva para Pablo. Esta es la vida de un discípulo. Siempre y cada día, debes decir: "Cristo vive en mí".

Este viaje no es solo para Pablo. Es para todo seguidor de Cristo. El propio Pablo nos invita a imitarle. En 1 Corintios 4:16, escribió: "Por tanto, os ruego que me imitéis". En 1 Corintios 11:1, dice: "Imítenme, así como yo imito a Cristo". A Timoteo, declaró: "Que nadie desprecie tu juventud, sino que seas ejemplo de los creyentes en palabra, conducta, amor, espíritu, fe y pureza" (1 Timoteo 4:12 RVR). A Tito le escribió: "En todo, muéstrate como ejemplo de buenas obras; en la doctrina, muestra integridad, reverencia, incorruptibilidad, palabra sana e irreprochable, para que el que se oponga se avergüence, sin tener nada malo que decir de ti" (Tito 2:7-8 RV). Pablo quiere que el cristiano, el discípulo, sea un modelo para los demás dondequiera que esté, aprendiendo de Jesús cada día.

El discípulo aprende de Jesús a hacer todo lo que hace de la manera en que Jesús lo hizo. En este camino, Jesús comprende nuestras carencias, nuestras debilidades. Él siempre te mantendrá en pie. Si Jesús vive en ti, y eres aprendiz de Jesús, entonces no importa tu edad, raza, profesión o estatus social, debes preguntarte continuamente cómo trataría Jesús la situación concreta.

Por ejemplo, soy padre de tres hijos. Tengo que preguntarme siempre cómo interactuaría Jesús con mis hijos si estuviera en mi lugar. Te animo a que cultives esta perspectiva en todo lo que hagas en tu familia, en tu trabajo, en tu iglesia y en todo el espectro de tu vida. Eso solo será posible por la gracia y por el amor. Como discípulos, debemos dejar que Jesús implante su amor en nosotros. Este amor no es natural; solo el Espíritu Santo puede dártelo.

Como discípulo, tu relación con Jesús lo abarca todo, sea religioso o secular. A través de ti, más personas se harán una idea de quién es Jesús. Pablo escribió: "Claramente sois una epístola de Cristo, ministrada por nosotros, escrita no con tinta sino por el Espíritu del Dios vivo, no en tablas de piedra sino en tablas de carne, es decir, del corazón" (2 Corintios 3:3 RVR). Espero que nunca lo olvides. *Tú -¡sí, tú!- eres una carta de Cristo para los demás.*

No eres un accidente en esta tierra. Tienes una misión específica aquí. Desde la eternidad pasada, Dios tenía el sueño de que siguieras a Jesús, de que fueras como Jesús, de que hicieras otros discípulos para Él. Él hará eso por ti si le das permiso. Pon tus manos en Sus manos. Confía en Él. Este es el camino de Dios para que alcances tu destino en esta vida. Dios quiere que experimentes una vida llena de alegría y plenitud. ¡Has nacido para esto! Este es tu más alto propósito en esta vida. Has sido *elegido para ser un discípulo.*

Aplicación personal

1. "¿Cómo voy a encontrar tiempo suficiente para pasar tiempo con Dios diariamente? Estoy muy ocupado. Tengo que trabajar en dos empleos". Recuerda que es porque tienes mucho que hacer que necesitas más a Dios. Si no pasas tiempo de calidad con Dios diariamente, ahí es donde perderás la batalla.

2. Es hora de quemar los puentes; no hay vuelta atrás en mi antigua vida espiritual. Por la gracia de Dios, quiero ser uno de los fieles discípulos de Jesús en este siglo XXI.

3. Hoy quiero tomar la resolución, por la gracia de Dios, de encontrar tiempo cada día para leer y meditar en la Biblia. Si lo hago, creo que el mismo Dios que luchó por Josué también luchará por mí. Él me dará éxito en mi vida. Reclamo su promesa de éxito sobre mi vida. (Vuelve a leer Josué 1:8-9)

4. Tengo que decidirme a ser una "carta de Cristo" para mi familia, mis compañeros de trabajo y los demás.

Oraciones sugeridas

1. Oh Jesús, te pido hoy que me des la voluntad y la determinación de encontrar tiempo cada día para leer y meditar en la Biblia.

2. Mi Salvador y mi Señor, te pido que pelees mis batallas por mí como peleaste por Josué en el pasado.

3. Mi Dios me ayuda a conquistar todos los territorios que tiene en mente para mi familia y para mí.

4. Jesús, a pesar del ajetreo de esta vida, dame el deseo y la voluntad, a través del Espíritu Santo, de pasar tiempo contigo en oración cada día.

5. Jesús, ayúdame a vivir en esta tierra como tu carta para los demás.

APÉNDICE A

———◆—◆—◆———

Lista de control personal para el discípulo

1. Leo mi Biblia todos los días.

2. Paso un tiempo personal con Jesús cada día.

3. Cada día adoro a mi Señor.

4. Mi culto semanal está mejorando.

5. Me tomo tiempo para ayunar cada semana o cada mes, o de vez en cuando.

6. Cada año, el Espíritu Santo me ayuda a llevar al menos a una persona a Cristo.

7. Experimento la alegría de la salvación.

8. Soy fiel en mis diezmos y ofrendas.

9. Estoy ayudando al menos a un individuo a la vez a convertirse en un discípulo de Jesús.

10. Ayudo a mi iglesia a cumplir la Gran Comisión.

11. Ayudo a mi comunidad, incluso con pequeños actos de bondad.

APÉNDICE B

---❖ ❖ ❖---

Plan de estudios de discipulado
Establecer un sistema cíclico

A. Modelo estructural 1

B. Modelo estructural 2

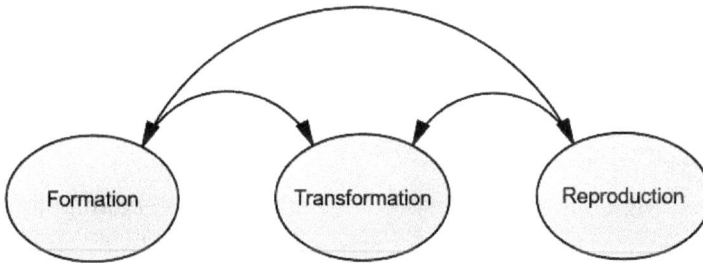

Las tres etapas de este proceso son la formación, la transformación y la reproducción.

Hemos estado haciendo la iglesia de la misma manera durante años, y vemos los resultados. Estamos haciendo nuevos conversos, no discípulos. Estamos haciendo consumidores, no productores. Como resultado, los nuevos creyentes abandonan la iglesia cada año. Estamos desperdiciando muchas vidas. ¿Por qué no podemos seguir la Gran Comisión haciendo discípulos? Eso ayudará a la iglesia a crecer exponencialmente. Salvará muchas vidas.

Para aplicar el proceso de discipulado, el pastor o el líder de la iglesia debe ser un creyente en el discipulado, como lo manda y practica Jesús.

1. El pastor debe capacitar a los líderes de la iglesia local sobre el discipulado (utilizando los capítulos de este libro).

2. El pastor debe capacitar a algunos líderes de la iglesia local sobre cómo dirigir una clase de discipulado.

3. El pastor debe predicar sobre el discipulado.

4. El pastor debe desarrollar, con pasión, el amor por el discipulado entre los miembros de la iglesia.

El pastor puede intentar los siguientes pasos:

1. Un programa de cuatro meses

2. Una clase de escuela sabática de discipulado de un año

3. Discipulado individual

4. Programas especializados en la iglesia sobre el discipulado

5. Evaluar y repetir el proceso

FORMACIÓN DE DISCÍPULOS

---◆-◆-◆---

Un programa de discipulado de cuatro meses

A. Conocer mejor a Jesús (primer mes)

1. La vida y la enseñanza de Jesús

2. Su muerte

3. La oración de Jesús

4. Cómo ser discípulo de Jesús

B. Conocer mejor la Biblia (segundo mes)

1. La importancia y la inerrancia de la Biblia

2. La profecía en la Biblia

3. La importancia de la lectura diaria de la Biblia (Josué 1, Salmo 1, Salmo 119)

4. Leer y aplicar la Biblia como un discípulo diariamente (Josué 1, Salmo 1 y Salmo 119-los que practican la Palabra como una roca)

C. Conocer mejor al Espíritu Santo (tercer mes)

1. El Espíritu Santo en la Biblia

2. La persona del Espíritu Santo

3. La obra del Espíritu Santo

4. Cómo ser lleno del Espíritu Santo como discípulo

D. Conocer mejor el procedimiento de discipulado (cuarto mes)

1. La Gran Comisión
2. La misión de cada creyente
3. Cómo hacer otros discípulos I (Juan 15-fruto interior, carácter)
4. Cómo hacer otros discípulos II (Juan 15-fruto exterior, hacer otros discípulos)

Un programa de discipulado de un año
(A través de una clase de Escuela Sabática u otros grupos pequeños)

Ten una clase especial de discipulado cada sábado por la mañana para los nuevos conversos durante un año. Repasa la lección durante diez minutos y comienza con un curso único de discipulado. Esta clase debe tener por lo menos dos maestros.

Comienza con el programa de cuatro meses sobre el discipulado. Después de eso, cubre los siguientes temas:

1. La importancia de la oración
2. La importancia de leer la Biblia diariamente
3. Buscar el bautismo del Espíritu Santo
4. Cada nuevo creyente debe convertirse en un discípulo de Jesús (seguirlo, negarse a sí mismo, llevar su cruz)
5. Practicar las disciplinas espirituales (oración, ayuno, culto en casa y en la iglesia, testimonio, etc.)
6. El ayuno en la vida del discípulo
7. Culto semanal (ven con un amigo o un familiar)
8. La importancia y el poder de la oración de intercesión

9. Cómo realizar un estudio bíblico en persona, vía Zoom o por teléfono

10. Cómo prepararse para la campaña de evangelización

11. Cómo trabajar en una campaña de evangelización

12. Qué hacer después de una campaña de evangelización (contacto y atención a los nuevos conversos)

13. Cómo convertirse en discípulo de Jesús

14. Cómo dirigir un estudio bíblico

15. Cómo llevar a una persona a Cristo

16. Cómo hacer nuevos discípulos para Jesús

17. Justificación

18. Santificación

19. Las veintiocho doctrinas fundamentales (una doctrina por semana)

20. Ellen G. White y sus escritos (leer tres libros durante el año: *El Camino a Cristo*, *El Deseo de Todas las Gentes* y *El Gran Conflicto*)

   - Discipulado individual
   - Programas especializados en la iglesia sobre el discipulado
   - Evaluar y repetir el proceso

A lo largo de la formación, tú y los líderes de la iglesia local orarán, pidiendo al Señor y al Espíritu Santo los tres pasos del proceso: formación, transformación y reproducción.

AGRADECIMIENTOS

Alabo al Señor por haber puesto esta carga en mi corazón para escribir sobre el discipulado. Su gracia me ayudó durante todo el proceso de escribir y publicar este libro. Puedo decir: "Todos mis resortes están en ti" (Salmo 87:7 RVR).

Un libro nunca es un esfuerzo solitario. Son muchas las personas que me han prestado un apoyo importante para terminar esta obra. Puede que me olvide de algunos, pero me gustaría dar las gracias especialmente a las siguientes personas:

Mi amada esposa, Gina, y mis tres hijos, Ginaldy, David y Daniela, por su apoyo y ánimo. Siempre me animan a hacer más. Nunca habría podido terminar este libro sin la sacrificada ayuda de Gina y algunas increíbles ideas de mis hijos. Mi familia es mi verdadera inspiración. Estaré siempre agradecida por su amor incondicional.

Lourise, Annalee Simone y Evelynn Marie por su especial estímulo.

Camille Lauren por su experiencia.

Los miembros de la iglesia, los miembros de Parole Delivrance Ministries, y los profesores y estudiantes de la cohorte de doctorado 2017 por su apoyo.

Gerson P. Santos, Tony Anobile, José Cortés Jr, G. Earl Knight, Pierre Omeler, Jose Joseph, Bordes Henry Saturne, Daniel Honore, Henry Beras, Alanzon Smith, Ysaias Javier, Reginald Barthelemy, Ainsworth E. Joseph, Pedro Conzales, Stephen Wayne Pilgrim, Juan Carlos Niño de Guzmán Miranda, Jose Girarte, Manuel Rosario, Ariel

Manzuete, Samuel Peguero, Smith Olivier, Geodaly Augustin, Price y Sylvie Reveil, Yves Pierre, Came y Joseph Charles por su apoyo.

Los coordinadores y directores de los ministerios étnicos de la Gran Conferencia de Nueva York

Los pastores y laicos de todos los grupos étnicos de la Conferencia del Gran Nueva York y de la Conferencia del Noreste.

APOYOS PARA EL LIBRO

Durante las últimas décadas, los registros de la membresía adventista del séptimo día informaron de una pérdida de alrededor del cuarenta por ciento. Conviene recordar que la pérdida de miembros no es exclusiva de esta denominación. En los últimos años, las principales denominaciones norteamericanas han perdido un tercio de sus miembros. Los líderes cristianos atribuyen la situación actual a un discipulado defectuoso. El problema fundamental de la iglesia es que encarna un discipulado superficial. El Dr. Charles nos recuerda algunas consideraciones bíblicas esenciales sobre el discipulado, respondiendo a algunas de las preguntas más importantes sobre este importante tema.

Gerson P. Santos, DMin
Secretario Asociado, Conferencia General de los Adventistas del Séptimo Día

---

En una época en la que la mayoría de los miembros de la iglesia parecen estar contentos con su asistencia a la misma, y otros parecen pensar que la participación en seminarios de nutrición dentro de las seguras y cómodas paredes físicas (o virtuales) de la iglesia los convierte en discípulos, Jesús está buscando seguidores. Seguidores que hayan recibido su gracia, personas que compartan las prioridades de su maestro, discípulos que amen, busquen y se asocien con Él para salvar a familiares, vecinos y compañeros de trabajo. Discípulos que no estarán satisfechos hasta que lleven a alguien a los pies de su Salvador.

En este libro, el Dr. Robert J. Charles comparte su corazón de discípulo. Su clara comprensión bíblica del llamado y las aplicaciones muy prácticas para una vida de discipulado hacen que este libro sea de lectura obligatoria.

José Cortés Jr., Director Ministerial Asociado de Evangelización División Norteamericana de los Adventistas del Séptimo Día

En su libro, Chosen as a Disciple, el Dr. R. Jean-Marie Charles ha hecho un excelente trabajo explicando la importancia y el proceso del discipulado. Ha señalado que, como iglesia, estamos perdiendo aproximadamente el cuarenta por ciento de los miembros que hemos añadido desde 1965. Este es un problema serio que el Dr. Charles ha hecho varias recomendaciones de cómo podemos cerrar la "puerta trasera" de la iglesia. Que la lectura de este libro nos sirva para comprender mejor el discipulado.

G. Earl Knight Presidente de la Conferencia de la Unión Atlántica

Elegido para ser un discípulo es un grito apasionado desde el corazón de un líder espiritual que puede dar fe de la extrema necesidad de un auténtico discipulado en nuestras iglesias. Denunciando la maquinación del diablo que recurre a la ofuscación para estancar el viaje ascendente del pueblo de Dios, el Dr. Charles ofrece directrices claras y prácticas para un enfoque coherente y significativo del crecimiento espiritual. Esta oportuna publicación ayudará al pueblo elegido por Dios a prosperar en un mundo antagónico y a alcanzar "toda la medida de la plenitud de Cristo" (Efesios 4:13 NVI).

Pastor Bordes Henry Saturné, MEd, MTh, PhD
Presidente del Departamento de Liderazgo de la Universidad Andrews

———— ‹◆—◆—◆› ————

Este libro ha sido inspirado por Dios. Llega exactamente en el momento adecuado en el que el liderazgo de la Iglesia Mundial se está centrando en el mismo objetivo "Hacer discípulos". Las estrategias utilizadas en el libro del Dr. Jean-Marie Robert Charles hacen que el trabajo de evangelización sea fácil y práctico para todos los que desean utilizar el método de Cristo para prepararse para su pronta venida. A medida que nos acercamos a los últimos días, nuestro Dios está iluminando la mejor manera de cumplir nuestra misión saliendo de nuestra zona de confort para alcanzar más almas para su reino. Sí, este libro: "Elegidos para ser discípulos" llega a tiempo. Lo recomiendo encarecidamente a todos los creyentes cristianos. Al leer este libro, oremos para que el Espíritu Santo nos guíe en la acción como lo hizo con los cristianos de la Iglesia primitiva para que podamos ser partícipes de la última gran explosión evangelizadora del mundo.

José L Joseph, ND. CFLE. Vicepresidente
Conferencia de la Unión Atlántica
Director del Caucus Franco-Haitiano
División Norteamericana

———————◆—◆—◆———————

Admiro la valentía y el carácter del autor al abordar un tema tan relevante, práctico y necesario como el del discipulado. La sabiduría de traer a la discusión la correlación entre el concepto de membresía versus el concepto de discipulado es espléndida. En otras palabras, el mandato dado por Cristo no fue el de hacer miembros, sino el de hacer discípulos, porque los discípulos no se estancan ni se estancan, sino que crecen. Por lo tanto, hacer lo contrario sería perder la integridad de nuestra misión y el llamado de Cristo.

La belleza del libro, sin embargo, se encuentra en su carácter práctico. Responde a las preguntas "¿Por qué ser discípulo?", "¿Cómo ser discípulo?" y "¿Qué hace un discípulo?". En el "por qué", el "cómo" y el "qué" están las respuestas a la realización de ser elegido como discípulo. Ayuda al lector a entender y explorar la necesidad de ser un discípulo de Cristo, especialmente en el siglo XXI. Recomiendo encarecidamente este libro a todos los pastores, líderes, oficiales y miembros. No es una réplica de otros libros sobre el discipulado, sino una mirada fresca a un tema pertinente con claridad y honestidad. Sobre todo, las conclusiones extraídas y las implicaciones dadas se basan en principios bíblicos.

Dr. Alanzo Smith
Secretario Ejecutivo de la Conferencia de Nueva York

——————◅●━━◆━━●▻——————

Recomiendo encarecidamente este libro a todos los lectores que quieran profundizar en el conocimiento del discipulado. En este libro, además de explorar los temas críticos del discipulado, el Dr. Charles investiga hábilmente la sustancia del discipulado. Ya sea que estés interesado en saber cómo ser un buen discípulo o que quieras saber cómo hacer otros discípulos, este libro es una lectura obligada para ti. *Elegidos para ser un discípulo* debería estar en la biblioteca de cualquiera que desee sobresalir en la misión de hacer discípulos.

Dr. Pierre E. Omeler
Secretario Ejecutivo de la Conferencia de la Unión Atlántica

——————◅●━━◆━━●▻——————

Durante muchos años la Iglesia ha seguido un concepto distorsionado de la Gran Comisión que pone el énfasis en obtener el mayor número de bautismos. La consecuencia no deseada ha sido el aumento de la mortalidad espiritual de la iglesia. Las listas de miembros se llenan mientras los bancos se vacían. Robert J. Charles nos desafía apasionadamente a replantear la Gran Comisión a través de la lente del discipulado. En esencia, el discipulado no consiste en añadir números a la lista, sino en reconciliar a los pecadores con un Dios amoroso. El mandato de hacer discípulos nos obliga a capacitar a otros enseñándoles el camino hacia una relación eterna con Dios. El sencillo, pero profundo, enfoque del autor sobre la ganancia de almas recalibra nuestro enfoque del evangelismo al impulsarnos a volver a centrarnos en la necesidad de un compromiso a largo plazo con Cristo y su Causa.

Daniel Honore
Presidente de la Conferencia del Noreste de los Adventistas del Séptimo Día

———————◄◆—◆—◆►———————

Elegidos para ser un discípulo es un libro de lectura obligada para todos aquellos que desean ser discípulos de Cristo y hacer discípulos para Cristo. No es solo teórico, sino muy práctico. Robert J. Charles ha hecho un trabajo excepcional al recordarnos que la clave del crecimiento espiritual está en pasar tiempo con Dios y en la lectura de la Biblia. Nos enseña los pasos para llegar a ser discípulos y alcanzar a más personas para el reino de Dios. Este libro es definitivamente valioso para pastores, líderes, miembros laicos y familias de todo el mundo. Creo que todos los que lean este libro serán bendecidos por él. Sin duda, llevará a las personas a caminar más cerca de Jesús. Recomiendo encarecidamente este libro a todos los que anhelan ese tipo de relación.

Reginald R. Barthelemy, DMin, PhD
Secretario ministerial y director de los ministerios masculinos, Conferencia de Adventistas del Séptimo Día de Nueva York

———————◄◆—◆—◆►———————

El libro *Elegidos para ser un discípulo* refleja una pasión dada por Dios a Robert J. Charles, suscitando una visión que aborda un fenómeno creciente en la Iglesia Adventista del Séptimo Día y, me atrevo a decir, en las denominaciones cristianas en general. Hay algunas cosas en este libro que lo convierten en una lectura obligada. **En primer lugar**, evita el uso complejo del lenguaje, lo que lo hace fácil de leer. **En segundo lugar,** ayuda al lector a comprender su papel personal y su relación con Cristo y la Iglesia como discípulo de Jesús. Cada capítulo termina con una aplicación personal y una oración recomendada. En **tercer lugar,** ofrece pasos prácticos para llegar a ser un discípulo eficaz. **En cuarto lugar**, se basa en las Escrituras, lo que lo separa de otras obras que pueden ser meras ideas humanas sobre el tema. **Por último,** se ha desarrollado mediante un estudio y un diseño empíricos. Por lo tanto, la mente académica también puede comprometerse y familiarizarse con los contenidos.

Elegido para ser un discípulo resultará perspicaz y relevante para los tiempos que corren. Los contenidos son transculturales. Por lo tanto, los pastores pueden utilizarlo como un recurso adicional para la formación del discipulado con su congregación. Por lo tanto, me complace apoyar y recomendar Elegidos para ser *discípulos* como una publicación útil y oportuna.

Ainsworth E. Joseph, PhD, DMin
Director Ministerial, Conferencia del Noreste

Sin duda, el Dr. Charles ha dado en el clavo, y no lo ha revelado ni con sangre ni con carne. Me encanta cómo conecta el discipulado con aspectos cruciales como la obra del Espíritu Santo, el ministerio de Jesús y el proceso de multiplicación de la iglesia. Además, la estructura del libro de por qué, cómo y qué es brillante y didáctica. Felicito al autor y les animo a leerlo, aplicarlo y compartirlo. Recibamos este pan del cielo con gratitud y acción de gracias.

Dr. Manuel A. Rosario
Director de Ministerios Personales y Escuela Sabática,
Conferencia de Adventistas del Séptimo Día de Nueva York

Me sentí inspirado y motivado al leer *Elegidos para ser un discípulo*. El Dr. Charles ha producido un libro bien documentado y práctico para el discipulado. Escribe con pasión y sinceridad, basándose en los escritos inspirados y en una larga línea de investigadores y autores apasionados por el tema. Aquí el lector encontrará ideas prácticas que le animarán en su viaje de discipulado, y los líderes de la iglesia encontrarán herramientas para desarrollar una estrategia de discipulado para sus congregaciones. Ojalá todos los jóvenes y adultos jóvenes se tomaran el tiempo de deleitarse con estas páginas.

Pr. Teniente Ariel Manzueta
Director de Juventud de la Conferencia de Nueva York

Creo que todos los miembros de la iglesia deberían leer este libro. Damos la bienvenida a esta nueva publicación del Dr. Robert J. Charles.

Elegidos para ser un discípulo es un recurso espiritual, práctico y bien documentado que define y explica el camino hacia un discipulado estratégico exitoso. Ciertamente creo que cada miembro de la iglesia debería leer este libro y poner en práctica sus enseñanzas.

Dr. Samuel Peguero
Director de Ministerios de la Familia/Solteros
Pastor principal, Iglesia ASD de Spanish Prospect
Conferencia de Nueva York de la SDA

BIOGRAFÍA DEL AUTOR

Robert J. Charles, PhD, DMin ha estado involucrado en el ministerio por más de 30 años, ayudando a adultos, jóvenes y niños a transformar sus vidas por la gracia de Dios. Fue Administrador de la Iglesia ASD, Decano del Seminario Teológico. Actualmente es Coordinador de Ministerios Étnicos en la Iglesia Adventista del Séptimo Día de la Conferencia de Nueva York y Asesor en la Universidad Andrews para el Programa de Doctorado en Ministerio. Su pasión es salvar almas para Jesús y entrenar a otros para la gloria de Dios. Él y su amada esposa, Gina, trabajan en equipo y tienen tres hijos en crecimiento, Ginaldy, David y Daniela.

Sobre el libro

Muchas personas se acercan a Jesús cada año, pero muchas de ellas se marchan poco después. Esa es una de las preocupaciones de la Iglesia hoy.

¿Por qué ocurre esto? ¿Cuáles son las razones? Este libro describe cómo la cultura de no discipulado del cristianismo actual es una de las principales razones de este problema.

En este libro, entenderás las respuestas a las siguientes preguntas: ¿Por qué debes ser un discípulo? ¿Cómo puedes ser un discípulo? ¿Qué hace un discípulo?

ELEGIDO PARA SER UN DISCÍPULO te ayudará a:

1. Saber que has sido elegido por Dios para un propósito asombroso en esta tierra
2. Descubrir la alegría y la plenitud de ser discípulo
3. Liberar todo tu potencial como discípulo
4. Vivir como discípulo de Cristo en estos tiempos post-COVID-19
5. Disfrutar de lo que Dios tiene reservado para ti como discípulo

———— ⟨◆—◆—◆⟩ ————

CONTACTAR CON EL AUTOR

Para obtener actualizaciones y recursos, visita el sitio web

www.robertjcharles.com

Referencias

Astley, J. (2015). Forming disciples: Some educational and biblical reflections. *Rural Theology, 13*(1), 4–17. doi:10.1179/1470499415Z.00000000037

Babcock, E. (2002). *The implementation of a disciple-making process in the local church* (Unpublished doctoral thesis). George Fox University. Retrieved from http://digitalcommons.georgefox.edu/dmin/180.

Beard, C. (2015). Missional discipleship: Discerning spiritual-formation practices and goals within the missional movement. *Missiology, 43*(2), 175–194. doi:10.1177/0091829614563059

Begg, A. (2021). Five truths about the Holy Spirit. *Ligonier Ministries.* Retrieved from https://www.ligonier.org/blog/five-truths-about-holy-spirit/.

Bennett, R. (2001). *Intentional disciplemaking: Cultivating spiritual maturity in the local church.* Colorado Springs, CO: NavPress.

Bevans, S. (2018). Transforming discipleship and the future of mission. *International Review of Mission, 107*(2), 362–377. doi:10.1111/irom.12236

rosius, K. M. (2017). Culture and the church's discipleship strategy. *Journal of Ministry & Theology, 21*(1), 123–157. Retrieved from EBSCO database.

Brown, M. R. (2012). *By this they will know: Discipleship principles to transform the church* (Unpublished doctoral thesis). Liberty

University. Retrieved from
https://digitalcommons.liberty.edu/doctoral/596/.

Bullón, A. (2017). *Total member involvement: A call to serve.* Silver
Spring, MD: Review & Herald Publishing Association.

Burggraff, A. (2015). Developing discipleship curriculum: Applying the
systems APPROACH model for designing instruction by Dick,
Carey, and Carey to the construction of Church discipleship
courses. *Christian Education Journal: Research on Educational
Ministry, 12*(2), 397–414. doi:10.1177/073989131501200211

Chenou, J. (2014). From cyber-libertarianism to neoliberalism: Internet
exceptionalism, multi-stakeholderism, and the institutionalisation
of internet governance in the 1990s. *Globalizations, 11*(2), 205–
223. doi:10.1080/14747731.2014.887387

Chisholm, D. (2016). *Formulating a covenant of discipleship for the
membership of the Gwinnett Church of Christ* (Unpublished doctoral
thesis). Abilene Christian University. Retrieved from
https://digitalcommons.acu.edu/dmin_theses/25/.

Cho, M. (1990). *Christ-centered discipleship: A biblical concept of religious
education* (Unpublished doctoral thesis). Andrews University.
Retrieved from
https://digitalcommons.andrews.edu/dissertations/279.

Cole, D. E. (2018). *Re-focus: Creating an outward-focused church culture.*
Outward-Focused Network.

Cox, W. F. Jr. & Peck, R. A. (2018). Christian education as discipleship
formation. *Christian Education Journal, 15*(2), 243–261.
doi:10.1177/0739891318778859

Dawson, T. & Dawson, R. (2010). *Refocus: Cutting-edge strategies to evolve your video business.* Berkeley, CA: Peachpit.

Eims, L., & Coleman, R. E. (2009). *The lost art of disciple-making.* Grand Rapids, MI: Zondervan.

Elliott-Hart, T. M. (2011). *Educating for discipleship in consumer culture: Promising practices rooted in the pastoral circle* (Unpublished doctoral dissertation). Boston College. Retrieved from http://hdl.handle.net/2345/1942.

Francis, J. M. M. (2015). Learning church: Theology for discipleship and ministry. *Rural Theology, 13*(1), 97–101. doi:10.1179/1470499415Z.00000000045

Francis, L. J., Foster, S., Lankshear, D. W., & Jones, I. (2019). What helps Christians grow? An exploratory study distinguishing among four distinctive pathways. *Pastoral Psychology, 68*(4), 379–392. doi:10.1007/s11089-019-00866-5

Frederick, T. V. (2008). Discipleship and spirituality from a Christian perspective. *Pastoral Psychology, 56*(6), 553–560. doi:10.1007/s11089-008-0148-8

Gallo, C. (2019). The art of persuasion hasn't changed in 2,000 years. *Harvard Business Review.* Retrieved from https://hbr.org/2019/07/the-art-of-persuasion-hasnt-changed-in-2000-years?utm_medium=email&utm_source=newsletter_daily&utm_campaign=mtod_notactsubs.

Ghazaryan Drissi, A. (2019). What is transforming discipleship? *The Ecumenical Review, 71*(1–2), 216–224. doi:10.1111/erev.12421

Green IV, J. T. (2012). *An analysis of the discipleship strategy of Robert Emerson Coleman* (Unpublished doctoral dissertation). The Southern Baptist Theological Seminary. Retrieved from https://digital.library.sbts.edu/handle/10392/3963?show=full.

Gushiken, K. M. (2015). Cultivating healthy discipleship settings in multi-ethnic churches. *Transformation: An International Journal of Holistic Mission Studies, 32*(1), 17–26. doi:10.1177/0265378814537753

Haigh, T., Russell, A. L., & Dutton, W. H. (2015). *Histories of the Internet: Introducing a Special Issue of Information & Culture, 50*(2), 143–159. doi:10.7560/IC50201

Harrington, B., & Putman, J. (2013). *DiscipleShift: Five steps that help your church to make disciples who make disciples.* Grand Rapids, MI: Zondervan.

Hawkins, A., Kinnaman, D., & Matlock, M. (2019). *Faith for exiles: 5 ways for a new generation to follow Jesus in Digital Babylon.* Grand Rapids, MI: Baker Books.

Hewitt, R. R. (2014). Evangelism as discipleship: Implications for theological education and leadership formation. *International Review of Mission, 103*(399), 200–214. doi:10.1111/irom.12057

Hilgemann, B. (2018). 12 spiritual disciplines that will make your faith strong. *Church Leaders.* Retrieved from https://churchleaders.com/outreach-missions/outreach-missions-articles/325192-12-spiritual-disciplines-that-will-make-your-faith-strong-brandon-hilgemann.html.

Hull, B. (2006). *The complete book of discipleship: On being and making followers of Christ.* Colorado Springs, CO: NavPress.

Hull, B. (2007). *Disciple-making pastor—Leading others on the journey of faith.* Ada, MI: Baker Publishing Group.

Hull, B. (2010). *The disciple-making church: Leading a body of believers on the journey of faith.* Grand Rapids, MI: Baker Books.

Jahnel, C. (2018). Discipleship in creative (un)certainty. *International Review of Mission, 107*(2), 428–442. doi:10.1111/irom.12241

Jordan, E. (2015). All God's people facing the same way: A theology of discipleship shaped by disciples—an Anglican perspective. *Journal of Adult Theological Education, 12*(2), 153–158. doi:10.1179/1740714115Z.00000000043

Kaplan, R. S., & Norton, D. P. (2006). *Alignment: Using the balanced scorecard to create corporate synergies.* Boston: Harvard Business Review Press.

Kidder, S. J. (2015). *Moving your church: Becoming a spirit-led community.* Nampa, ID: Pacific Press Publishing Association.

Knight, G. E. (2019). Closing the back door. *Atlantic Union Gleaner, 118*(11), 3. Retrieved from https://atlanticuniongleaner.org/editorials/2019/closing-the-back-door/.

Kotiuga, N. (2017). *Spiritual formation in the workplace* (Unpublished doctoral thesis). Bakke Graduate University. Retrieved from https://www.bgu.edu/dissertations/spiritual-formation-workplace-discipleship-happens-work/

Lang, J. A., & Bochman, J. (2017). Positive outcomes of a discipleship process. *Journal of Spiritual Formation & Soul Care, 10*(1), 51–72.

Lynn, J. (2014). *Making disciples of Jesus Christ: Investigating, identifying, and implementing an effective discipleship system* (Unpublished doctoral dissertation). Liberty University. Retrieved from https://digitalcommons.liberty.edu/doctoral/878.

Martin Luther Prayer Quotations. (2019). Retrieved from https://www.quotetab.com/martin-luther-quotes-about-prayer.

McKnight, S. (2016). *The King Jesus Gospel: The original good news revisited.* Grand Rapids, MI: Zondervan.

Meyers, R. A. (2010). Unleashing the power of worship. *Anglican Theological Review, 92*(1), 55–70. Retrieved from http://www.anglicantheologicalreview.org/wp-content/uploads/2020/03/meyers_92.1.pdf.

Moore, W. B. (2013). *The multiplier: Making disciple makers.* New York: Christ Disciples Ministries.

Murrell, S., & Murrell, W. (2016). *The multiplication challenge: A strategy to solve your leadership shortage.* Lake Mary, FL.: Creation House, Charisma House.

Onyinah, O. (2017). The meaning of discipleship. *International Review of Mission, 106*(2), 216–227. doi:10.1111/irom.12181

Peterson, D. (2002). *Engaging with God: A biblical theology of worship.* Downers Grove, IL: InterVarsity Press.

Roxburgh, A. J., & Romanuk, F. (2020). *The missional leader: Equipping your church to reach a changing world.* Minneapolis, MN: Fortress Press.

Seifert, V. M. (2013). *Discipleship as a catalyst for personal transformation in the Christian faith* (Unpublished doctoral dissertation). University of the Incarnate Word. Retrieved from https://athenaeum.uiw.edu/uiw_etds/45.

Shirley, C. (2016). Discipleship it takes a church to make a disciple: An integrative model of discipleship for the Church. *Southwestern Journal of Theology, 50*(2). Retrieved from https://www.semanticscholar.org/paper/Discipleship-it-takes-a-church-to-make-a-disciple-%3A-Shirley/891cef04e875db940b422c93ad36a5d81fa8a094.

Smith, D. (2014). *A pastor's approach to discipleship and its effect on the local church: A three-step approach to biblical discipleship* (Unpublished doctoral dissertation). Liberty University. Retrieved from https://digitalcommons.liberty.edu/doctoral/842.

Takala, T. (1997). Charismatic leadership: A key factor in organizational communication. *Corporate Communications: An International Journal, 2*(1), 8–13. doi:10.1108/eb046529

Tangenberg, K. (2012). Congregational mentoring and discipleship: Implications for social work practice. *Journal of Religion & Spirituality in Social Work: Social Thought, 31*(3), 285–302. doi:10.1080/15426432.2012.679844

Thomas, H., ed. (2015). *Mentor's guide: A companion resource to the Discipleship Handbook.* Michigan: The Training Center Church Committee of the Michigan Conference of Seventh-day Adventists.

Travis, J. (1965). Discipline in the new testament. *Pastoral Psychology, 16*(9), 12–21. doi:10.1007/bf01793446

Trim, D. (2018). Statistical report: Missions trends and progress. *Adventist Archives.* Retrieved from https://www.adventistresearch.org/node/334.

Tyrrell, J. (2019). Jesus cares: We must care too! *Atlantic Union Gleaner, 118*(11), 5–7.

Walton, R. (2011). Disciples together: The small group as a vehicle for discipleship formation. *Journal of Adult Theological Education, 8*(2), 99–114. doi:10.1558/JATE.v8i2.99

Wester, R., & Koster, J. (2015). The software behind Moore's Law. *Computer, 46*(10), 66–72. doi:10.1109/MC.2013.7

Wheeler, A. (2015). The commissioning of all believers: Toward a more holistic model of global discipleship. *Missiology, 43*(2), 148–162. doi:10.1177/0091829614541093

White, E. G. (2002). *Christian service: A compilation.* Hagerstown, MD: Review and Herald Pub. Association.

———. *A Solemn Appeal* [Kindle Cloud Reader version].

———. *Testimonies for the Church*, vol. 2 [Kindle Cloud Reader version].

———. *Testimonies for the Church*, vol. 4 [Kindle Cloud Reader version].

———. *Testimonies for the Church*, vol. 5 [Kindle Cloud Reader version].

———. *Testimonies for the Church*, vol. 6 [Kindle Cloud Reader version].

———. *Testimonies for the Church,* vol. 8 [Kindle Cloud Reader version].

———. Testimonies for the Church, vol. 9 [Kindle Cloud Reader version].

———. *Counsels to Parents, Teachers, and Students*, location 6073 20 [Kindle Cloud Reader version].

———. *The Great Controversy* [Kindle Cloud Reader version].

———. *Christian Service* [Kindle Cloud Reader version].

———. *The Desire of Ages* [Kindle Cloud Reader version].

———. *Pastoral Ministry* [Kindle Cloud Reader version].

———. *The Acts of the Apostles* [Kindle Cloud Reader version].

———. *Evangelism* [Kindle Cloud Reader version].

———. *Christian Integrity in the Ministry* [Kindle Cloud Reader version].

———. *The Youth's Instructor* [Kindle Cloud Reader version].

———. *Spiritual Disciplines for the Christian Life* [Kindle Cloud Reader version].

———. *Christ's Object Lessons* [Kindle Cloud Reader version].

———. *Gospel Workers* [Kindle Cloud Reader version].

———. *Prophets and Kings* [Kindle Cloud Reader version].

———. *Education* [Kindle Cloud Reader version].

———. *Steps to Christ* [Kindle Cloud Reader version].

Whitmore, W. (2018). The branch is linked to the vine. *International Review of Mission, 107*(2), 472–482. doi:10.1111/irom.12244

Whitney, D. S. (2014). *Spiritual disciplines for the Christian life (revised and updated)*. Colorado Springs, CO: NavPress.

Willard, D. (2006). *The great omission: Reclaiming Jesus's essential teachings on discipleship*. San Francisco: HarperOne.

Wilson, T., Ferguson, D., Hirsch, A., & Stetzer, E. (2019). *Becoming a level five multiplying church: Field guide.* Carolina Beach, NC: Exponential.